나만의 생각 만들기
5일 프로젝트

ITSUKAKAN DE "JIBUNNOKANGAE" WO TSUKURU HON
Copyright ⓒ 2014 by Takashi SAITO
All rights reserved.
Original Japanese edition published by PHP Institute, Inc.
Korean translation rights arranged with PHP Institute, Inc., Tokyo
in care of Tuttle-Mori Agency, Inc., Tokyo through Tony International, Korea

나만의 생각 만들기
5일 프로젝트

사이토 다카시 지음 ┃ **오선이** 옮김

역사
공간

'나만의 생각'을 만드는
5일 집중 강의

'나만의 생각'으로 인생은 크게 달라진다

'나만의 생각'을 명확히 드러내는 기회가 늘어나고 있다. 예를 들면 책이나 영화 등의 리뷰도 그중 하나이다. 과거 이것은 평론가의 일이었다. 하지만 지금은 누구나 쉽게 리뷰를 쓸 수 있다. 인터넷 쇼핑 사이트나 블로그 게시판, 혹은 SNS에서도 나만의 생각을 공개할 수 있게 되었기 때문이다. 물론 계속 쓴다고 해서 다른 사람들이 모두 읽어 줄 거라는 보장은 없다. 그러나 전문가보다 더 날카로운 평론을 쓴다면 높은 평가를 받을 수도 있다. 경우에 따라서는 순식간에 책으로 나오거나 잡지에 칼럼을 쓰게 될지도 모른다.

누구라도 일선에서 경쟁할 수 있다. 그러한 의미에서 우리는 굉장히 재미있는 시대를 살아가고 있다고 말할 수 있을 것이다.

기업에서 인재를 채용할 때도 '나만의 생각'을 갖고 있는 사람을 요구하는 경향이 있다. 어느 업계라도 앞으로는 경쟁이 더욱 심해져 간다. 그러므로 시키는 일만 하는 '사고 정지' 사원은 필요 없을 것이다. 반대로 '나만의 생각'을 확실히 가지고 있으면, 큰 기회가 찾아올 가능성이 이전보다 더욱 커진다.

일상에서 사람들과 이야기할 때도 마찬가지다. 어련무던한 이야기만 한다고 하면 '지루한 사람'이라고 보여질 뿐이다. 어떤 것에 대해 '생각'을 말하는 것을 시작으로 관계가 맺어지는 것이다.

오늘날은 회사의 이름이나 명함에 의존하는 시대가 아니다. 보다 사적인 관계가 되길 바란다면 '나만의 생각'이 있냐 없냐, 혹은 깊냐 얕냐에 따라 인간관계에는 커다란 차이가 생긴다. 즉 '나만의 생각'을 가지는 것은 커뮤니케이션에 있어서 빼놓을 수 없다. 그리고 그 중요함은 앞으로 더욱 커질 것이다.

스스로 현실을 만들어 나가는 힘

기성세대는 학교에서 '나만의 생각'을 정리하거나 발표하는 훈련을 받지 않았다. 예를 들어 국어 시험의 경우 자신의 체험이나 마음의 동요를 묻는 경우는 없다. 더구나 '나만의 생각'을 써도 좋은 점수를 받을 수 없다. 나는 수험생 시절에 그 원리를 깨닫고 갑자기 좋은 점수를 받은 기억이 있다. 그러한 의미에서 이 책의 목적은 '나만의 생각'을 가지는 것은 기존의 학교교육에서는 좀처럼 배울 수 없었던 새로운 '학력'이라고 말할 수 있다.

무언가를 통째로 암기하거나 주어진 문제를 푸는 것이 아니라 스스로 현실을 만들어 나가는 힘이다. 좋든 싫든 그러한 힘을 가지지 않으면 앞으로는 살아남기 힘들다. 우리가 살아가는 세계는 게임의 룰이 바뀌었다. 하지만 그것을 인식하고 있는 사람은 의외로 적다. 새로운 룰을 모르는 채 게임에 참가하는 것은 훌륭한 대책이라고 할 수 없다. 새로운 룰을 파악한 뒤 그것에 대처할 수 있는 훈련 메뉴를 만들어 게임에서 이기는 노하우를 기르는 것이 좋다. 그것이 이 책의 목표이다.

최종 목표는 '행동으로 옮기는 것'

어느 정도 '나만의 생각'을 표현할 수 있게 되었다고 해도 그 발언이 '탁상공론'이라면 의미가 없다. 최종 목표는 상황을 정확히 파악한 다음, '의사결정'을 해서 자신 또는 주위를 움직이게 하는 것, 그로 인해 상황을 보다 좋은 방향으로 이끄는 것이다.

'의사결정'이라고 하면 주로 조직에서 리더의 역할이라고 생각할지 모른다. 하지만 요즘에는 대부분의 사람들에게도 필요하다.

중세 유럽에서는 '나만의 생각'이 중요하지 않았다. 무엇보다도 『성서』의 내용을 얼마나 정확하게 말할 수 있는지, 교회의 사고방식을 얼마나 파악하고 있는가가 중요했다.

에도 시대 무사에게는 『논어』나 유교를 중심 기반으로 해 어떠한 각오로 실천하는가가 전부였다. 이른바 목숨은 주군에게 맡긴 것이기 때문에 생각할 필요가 없었다. 개성 있는 생각을 가진다는 것은 오히려 위험한 것이었을 것이다.

오늘날처럼 흐름이 빠른 시대에는 누군가의 지시나 지도만을 기다리고 있으면 뒤처지고 만다. 게다가 그러한 지시가 자신에게 유리하다고만 할 수는 없다. '회사에 목숨을 건' 사람은 별개이지만 스스로 생각해서 그 위험을 책임지고 행동하지 않으면 좀처럼 두각을 나타낼 수 없을 것이다. 즉, 항상 주인의식을 가지고 상황에 적응하는 능력이 필요하다.

이 책은 그러한 영역에 이르는 것을 최종적인 목표로 한다. 단, 바쁜 현대인을 배려해서 다음과 같이 5단계로 나누어 불과 '5일' 만에 익힐 수 있도록 했다.

1일째, 블로그나 SNS, 인터넷상의 서평을 써서 감각을 익히고,

2일째, 위대한 위인들의 사고 패턴을 배우고,

3일째, 생활습관을 재검토해 '생각하는 습관'을 만들고,

4일째, 독서를 통해 소양과 화제를 자기 것으로 만들고,

5일째, 만반의 준비를 하고 '의사결정'에 도전한다.

이 책을 통해 '나만의 생각'이 무엇인가를 배우고, 이를 통해 자신이나 주변을 움직여 현실에 변화를 줄 수 있으면 무한한 기쁨이다.

사이토 다카시

차례

머리말 • 4

1일차 리뷰로 사고력을 높인다

'나만의 생각'을 만드는 기본 수업

2일차 생각하는 기술을 습득하는 기본 도구

사고 패턴이라는 무기

3 일차 행동 습관을 바꾸다

말의 힘과 발상력을 단련하자

4 일차 '나만의 생각'을 깊이 있게 만드는 독서법

생각하기 위한 가장 효과적인 방법

5 일차 의사결정이 빨라지는 사고법

현실이 크게 달라지는 힘

1일차
리뷰로 사고력을 높인다

'나만의 생각'을 만드는 기본 수업

서너 줄의 리뷰로
'나만의 생각'을 갈고닦자

누군가 신문기사를 보여주며 "어떻게 생각해?" 하고 묻는다고 하자. 곧바로 눈치 있게 답변을 할 자신이 있는가? 물론 '기사 내용에 따라 다르다'는 사람도 있을 것이다. 사전 지식이 있는 분야라면 대답하기 쉽겠지만 잘 모르는 분야라면 말문이 막힐지도 모른다.

'나만의 생각'을 가져야만 하는 현대인이라면 불안한 마음이 들 것이다. 대상이 뭐든 일단 '보고 들었다면 무언가를 말할 수 있어야' 하기 때문이다. 이것이 최초의 단계이다. 어떤 공이라도 놓치지 않고, 방망이를 휘둘러 맞히겠다는 목표를 갖는 것이다.

그렇다고 허세를 부리며 고자세를 취할 필요는 없다. '나만의 생각'이라고는 해도 자신이 머릿속으로 모든 걸 생각하지 않아도 된다. 100퍼센트 '나만의 생각'으로 말하려니 힘든 것이다.

약 80퍼센트는 사실이나 정보 등으로 기초를 단단히 하고, 남은 20퍼센트에 자신을 색을 입힌 것, 그것이 '나만의 생각'이다. 우선, 쉬운 예를 들면 영화나 책 등의 리뷰를 쓰는 것을 추천한다. 이 세상은 이미 '1억 리뷰 시대'라고 말한다. 인터넷을 통해 누구나, 모든 것에 대해 리뷰를 남기고 있다. 그 잠재적인 저자들은 국내에 한정되지 않고 전 세계에 퍼져 있다. 당연한 말이지만 이러한 상황은 과거 경험해 본 적이 없는 새로운 시대이다.

훌륭한 리뷰를 쓴다면 상당히 '자기 생각이 있는 사람'으로 비춰질 것이다. 무명이라 할지라도 좋은 평을 받아 유명해지고 평론가가 되거나 책을 내는 사례도 적지 않다.

물론 그렇게 되는 걸 목표로 할 필요는 없지만 어차피 쓴다면 많은 사람들이 읽거나 "오!", "어머!"라는 감탄사가 나오게 하고 싶지 않은가. 실제로 리뷰 자체를 평가하는 시스템은 다양하다. 누군가의 반응을 보면 내 견해에 자신감을 가질 수 있게 된다. 그것은 삶의 행복으로도 이어질 것이다. 반대로 잘못 생각해서 터무니없는 리뷰를 썼다고 해도 그다지 책임을 느낄 필요는 없다. 옳고 그름은 둘째치고 인터넷상에는 그러한 리뷰가 셀 수 없이 많기 때문에 무시당하거나 기껏해야 욕을 먹는 정도이다. 그러므로 리뷰를 쓰는 것은 '나만의 생각'을 드러내는 첫 훈련으로써 최적이라고 할 수 있다.

물론 대상은 영화나 책에 한정되지 않는다. 철도나 맛집과 같은 취미 분야도 좋고, 가게나 다양한 상품이어도 좋다. 혹은 여행기 등도 나라나 지역에 대한 리뷰가 된다. 잘하고 못하고는 센스의 문제가 아니라 훈련에 의한 것이다.

우선 내 머릿속에 있는 경험에 따라 '이거라면 리뷰를 쓸 만하다'고 생각되는 것을 떠올려 보자. 음악을 좋아하는 사람이라면 좋아하는 CD 리뷰 정도는 쓸 수 있지 않을까?

좋은 리뷰는
'사회공헌'이다

좋은 리뷰는 독자에게 큰 가치가 있다. 예를 들어 모차르트를 모르는 사람은 거의 없을 것이다. 하지만 그의 악곡을 얼마나 알고 있냐고 하면 그 순간 초조해진다. 한번 들어 봐야지 생각해도 어떤 곡부터 들어야 할지 모르는 사람도 많을 것이다. 실제로 클래식의 경우 유명한 곡을 빼고는 예비지식 없이 그냥 즐기기는 힘든 것이 사실이다. 이때 클래식 음악에 대해 잘 아는 사람이 '이 CD의 어느 곡은 이렇게 들으면 된다'고 알려준다고 해 보자. 그것을 기억해 두면 설령 처음 듣는 곡이라도 감상법은 전혀 달라질 것이다.

게다가 그 덕분에 모차르트가 좋아져 클래식에 흥미를 가지고 더욱 많은 곡을 듣게 될 가능성도 있다. 결국 나만의 음악 감상법도 생길지 모른다. 조금 과장해서 말하자면 한 권의 책에 대한 리뷰나 조언에 따라 그 사람을 새로운 세계로 끌어들이게 하는 것이다.

이러한 점이 더욱 현저하게 나타나는 것이 현대 예술의 세계이다. 예를 들어 잭슨 폴락이나 파울 클레 등의 작품을 예비지식 없이 보면 대부분의 사람은 '잘 모르겠다'고 생각할 뿐이다. 하지만 그 작품에 대해 훌륭한 리뷰가 있으면 적어도 감상법 정도는 알 수 있다.

리뷰는 사다리와 같다고 말할 수 있다. 누구라도 사다리를 사용하면 2층까지는 올라갈 수 있다. 풍경이 바뀌기 때문에 '아무것도 모르는' 상태로부터는 탈출할 수 있다. 그러한 경험을 한 다음 더욱 위로 올라가는 걸 목표로 하든, 자신만의 사다리를 만들든, 그대로 내려오든 그것은 각자의 자유다. 어느 쪽이 됐든 아무것도 모르는 채로 그냥 지나치는 것보다 낫다. 이것이 인생을 풍요롭게 하는 것이기도 하다.

나 또한 일상적으로 리뷰를 이용하고 있다. 영화 DVD를 사려고 할 때 그 영화의 내용이나 포인트를 한 번에 알아보기에는 꽤 편리하다. 감독이나 배우에 관한 주변 정보를 시작으로 직접 본 사람들의 평가도 참고가 된다. 그것들을 충분히 읽은 다음 살지 말지를 판단하는 것이 일반적이다.

책이나 CD의 경우도 마찬가지이다. 역시 많은 리뷰를 보고 종합적으로 따져 본 다음에 판단한다. 옛날에는 잘 살펴보지 않고 샀는데, 사는 양이 많았기 때문에 실패하는 경우도 많았다. 그러면 왠지 아깝게 느껴져, 지금은 가능한 한 충분히 검토하고 있다. 그때 가장 참고가 된 것이 리뷰였다.

덕분에 리뷰를 보는 법도 꽤 공부가 되었다. 물론 리뷰를 쓰는 사람의 얼굴은 모르지만 어떤 작성법을 믿으면 좋은지 어떤 점을 과장하거나 거짓말을 하고 있는지, 내용을 어느 정도까지 파악하고 썼는지 대체로 알게 되었다. 마치 '리뷰 평론가'가 된 듯이 말이다. 그럼 어떤 리뷰를 쓰면 좋을지 더욱 자세히 알아보자.

자기 안의
'잘하는 부분'을 끌어낸다

리뷰의 최대 포인트는 감상문이 아니라는 점이다. '이 곡이 좋다'는 개인적인 취향만을 쓴 글이라면 읽는 사람에게는 의미가 없다. 혹은 단순히 유행하는 것이라는 이유만으로 글을 올리면 재미있는 리뷰가 되지 않는다. 모두 오른쪽으로 가면 오른쪽으로 가고, 왼쪽으로 가면 왼쪽으로 가는, 그저 유행만 좇는 모습은 '나만의 생각'이 없다는 것을 내보이는 것에 지나지 않는다.

중요한 것은 대상에게 어떠한 애착을 가지고, 어떠한 시선으로 이야기하느냐이다. 그 독특한 점착력粘着力이나 편애가 사람을 끌어당긴다. 그렇다고 해서 열렬한 마니아가 될 필요는 없다. 우선은 자기 안에 비교적 잘하는 부분을 끌어내 보자.

쓰는 사람의 노하우 중 하나는 일단 대상에 대해 제대로 파악하고 요약하는 것이다. 전체 분량을 10이라고 하면 그중 6~8정도가 요약이라도 리뷰는 성립한다. '나만의 생각'은 2정도로 충분하다.

오히려 문제가 되는 것은 '100퍼센트 나만의 생각'으로 채우려는 생각이다. 그렇게 하면 피곤하기도 하고 읽는 사람도 흥미를 느끼지 못한다. 어디까지나 어떤 대상이 있고, 그것에 관한 의견이나 견해를 쓰는 것이 리뷰인 것이다. 말하자면 자신을 블랙박스로 여기는 작업이라고도 할 수 있다. 영화든 책이든 음악이든 무언가를 받아들이기(인풋) 때문에 무언가 변환되어 나온다. 그것이 '나만의 생각'이다. 인풋이 없다면 아무것도 나오지 않을 것이고, 빈 상자를 사람들에게 보인다면 좋아할 리가 없다.

일단 다른 사람의 리뷰를 참고해 보자. 인터넷 통신판매 사이트 아마존을 보면, 상품에 대한 리뷰뿐 아니라 리뷰 자체가 평가 대상이 되고 있다. '이 리뷰는 참고가 되었습니까?'라는 항목에서 '네', '아니요'를 클릭할 수 있다. '우수 리뷰'는 '네'가 많은 리뷰가 순서대로 게재되는 구조이다.

내가 알고 있는 영화나 책, CD에 대해서 다른 사람은 어떤 리뷰를 쓰고 있는 걸까? '네'를 많이 받는 리뷰나 '잘 썼다'고 생각하는 리뷰만 골라 읽어 보면 대체로 그 요점을 파악할 수 있다. 어떤 리뷰가 좋은 평가를 받고 있느냐면 책의 경우는 대체로 내용이 정확하게 요약되어 있는 것이 많다. 어떤 책인지 알 수 있기 때문에 독자에게 있어서 확실히 가치가 높다.

험담은 피하고
가능한 한 칭찬하자

반대로 '네'가 거의 없는 쪽은 사물을 바라보는 시각이 편중되어 있거나 내용과 관련 없는 비판이나 비방을 하는 경우이다. '자기색'을 내고 싶다는 생각을 드러낸 것이겠지만 그것은 어떤 면에서 규칙을 위반한 것이다.

부정적인 코멘트도 피하는 것이 좋다. 예를 들어 읽은 책이 기대 이하였다고 해도 '나는 싫더라', '용서할 수 없다', '완전 실망이다'라는 말을 쓰는 시점에서 이미 리뷰라고 부를 수 없다. 이런 말은 술자리에서 친한 사람들끼리 나누는 잡담 수준에 불과하다. 그러한 장소에서 험담이나 욕을 하면 분위기가 산다는 것은 알고 있지만 그것을 불특정다수가 볼 가능성이 있는 리뷰란에 써서는 안 된다.

혹은 '재미없다', '전혀 도움이 안 된다'라고 직접적으로 말하는 것도 리스크가 있다. 내용을 오해하고 있거나 애초에 책 선택을 잘못했을 수도 있기 때문이다. 특히 베스트셀러인 책은 잘 살펴보지 않고 사는 경우가 있기 때문에 비판의 대상이 되기 쉽다. 그래서 리뷰를 쓰는 사람이 '보란 듯이 비판해 주겠다'라는 기분을 갖기 쉽다.

하지만 엄격하게 쓰려고 하면 할수록 만약 그것이 과녁을 벗어난 것이면 창피를 당하거나 경우에 따라서는 인격까지 의심받고 이른바 '악성댓글'이 될 수도 있다. 비판적인 코멘트를 하기 위해서는 내용을 매우 정확하게 파악하고 있어야 한다는 말이다.

내용을 정확하게 파악하고 있다고 해도 신랄한 말투는 피해야 한다. 오히려 정확하면 할수록 듣는 쪽은 미친 듯이 화를 낼 것이다. 당사자뿐 아니라 그들의 팬에게도 상처를 주게 된다. 일부러 불특정다수를 적으로 삼아, 신랄한 역습을 받을 수 있는 리스크를 떠안을 필요는 없다. 그 책에 집착하지 않아도 세상에는 좋은 책이 넘친다. 그러한 책을 만나, 좋은 부분에 대해 리뷰를 쓰고, 다른 독자의 공감을 얻는 쪽이 더욱 건설적이지 않을까.

실제로 마음을 위로해 주는 리뷰의 경우, 예를 들어 그것이 잘못 이해한 것이라 할지라도 용서받을 수 있다. 작가나 그 책과 관련된 관계자에게 상처를 주는 것이 아니기 때문이다. 리뷰를 읽은 사람이 '이건, 틀렸어'라고 피식 웃음을 터뜨리면 그걸로 그만이다. 그것이 인터넷 리뷰의 홀가분함일 것이다.

자신의 '커리어'를
밝혀라

자신의 현재 위치를 밝히는 것도 리뷰 매너의 하나이다. 한 대상에 대해 쓸 때 실제로 잘 모른다면 그 점을 확실히 밝혀라. 이른바 '커리어'를 밝히는 것이다.

예를 들어 영화에 대해 리뷰를 쓰는 경우, '이 감독의 작품을 보는 것은 세 번째', '평소에는 영화를 그다지 보지 않는다'는 식으로 솔직히 고백한다. 혹은 '작품의 무대가 된 업계에서 일하고 있다', '주인공과 비슷한 경험이 있다'는 것도 좋다. 이것은 읽는 이에게 일종의 정보 제공이기도 하고, 서비스이기도 하다.

그렇게 하면 '앞선 두 작품에 비해 이 작품은 조금 약하다', '실제 현장은 그 정도로 가혹하지 않다'라는 평가가 가능해진다. 독자는 이러한 리뷰를 읽는 것으로 '이전의 두 작품도 재미있을까?'라든지 '이 업계는 정말 이럴까?'라는 걸 알 수 있게 된다. 이것은 리뷰로써 꽤 성공적인 것이다.

또한 다른 의미에서도 '커리어'를 밝히는 것은 중요하다. 예를 들어 초밥집에 대해 리뷰를 쓴다고 하자. 그다지 초밥집에 가지 않는 사람, 항상 싼 집만 가는 사람, 돈 아까운 줄 모르고 쓰는 미식가라면 각각 평가 기준이 전혀 다를 것이다.

이때 미식가의 평가만이 유용하냐면 꼭 그렇다고 할 수는 없다. 이러한 사람들은 조금 수준이 떨어지는 가게라면 고자세로 혹평을 하고 싶어 한다. 그것은 본인의 우월함을 만족시키기 위한 것이지만 그 가게를 마음에 들어 하는 사람, 맛있다고 생각하는 사람들에게는 기분 좋은 이야기가 아니다.

돈만 있으면 들어갈 수 있는 고급 가게는 얼마든지 있지만 그러한 가게에 빈번하게 드나드는 사람은 극소수이다. 그런데 그 수준을 당연하다는 듯이 글을 올린다면 공감할 수 있는 사람은 적을 것이다. 음식문화라는 것은 심오하기 때문에 똑같이 '맛있다'고 느끼는 것도 가격에 따라 관점이 달라진다.

물론 미각은 사람들마다 제각각이기 때문에 각자의 견해가 있는 것이 당연하다. 그렇기 때문에 리뷰를 쓰는 사람의 성향이 중요한 정보가 된다. 주머니 사정 때문에 리뷰를 쓰기 힘든 경우도 있겠지만 적어도 '평소에 자주 먹고 있다'라든지 '절대 안 간다'라든지 '큰마음 먹고'라는 정보를 더하는 것만으로도 전혀 달라진다. 그다음은 읽는 이가 가감해서 해석할 것이다.

좋은 리뷰를 쓰고 싶다면
'자비 지출'을 줄여라

좋은 리뷰 중에서 의외로 유용한 것이 가격 비교이다. 다양한 상품이나 서비스에는 반드시 가격이 있다. 그것을 매기고 '이 정도 가격(코스트 퍼포먼스)이면 충분하다'라는 글을 더하면 설득력이 생긴다. 보다 리얼한 이미지를 떠올릴 수 있기 때문이다.

영화나 DVD에 대한 리뷰에 '2~3만 원에 샀으면 열받겠지만 5,000원이라서 참았다'라고 적혀 있다고 하자. 단순히 '재미있었다', '지루했다'라고 쓴 것보다 작품의 완성도가 훨씬 직접적으로 와닿지 않을까. 혹은 '○○원 환불 받았으면 좋겠다', '○○원이나 들였는데 전혀 후회하지 않는다'라는 리뷰도 실감난다.

이들 리뷰에서 공통적인 것이 일종의 주인의식이다. '자비'를 들였기 때문에 불만이든 칭찬이든 하고 싶어진다. 이른바 '이해타산'을 따지기 때문에 가격이라는 명확한 기준을 근거로 평가하고 싶어진다. 그래서 리뷰에도 힘이 들어가 설득력을 갖게 되는 것이다.

반대로 말하면 좋은 리뷰를 쓰려면 '자비' 지출을 피할 수 없다는

말이다. 그게 주인의식을 가지고 있는지 아닌지의 경계가 된다고
해도 과언이 아니다.

요즘은 공짜이거나 공짜에 가까운 것들이 넘쳐나고 있다. 도서관
에 가면 순서를 기다려야 하지만 베스트셀러를 공짜로 볼 수 있다.
인터넷의 수많은 정보도 거의 무료로 제공되고 있다. 이들이 편리
하다는 것은 두말할 필요도 없지만 동시에 '주인'이 되는 기회를 뺏
고 있기도 하다. 예를 들어 같은 책이라도 도서관에서 빌린 사람과
헌책방에서 1,000원이라도 돈을 내고 산 사람에게서는 서로 다른
감상이 나올 것이다. 리뷰의 내용도 다를 것이다.

나는 학생들에게도 '책은 돈을 주고 사지 않으면 자기 것이 안 된
다'고 가르치고 있다. 본래 돈을 걸지 않으면 게임에 참가할 수 없
다. '돈을 들인 이상 헛되게 만들고 싶지 않다'라는 심리가 자세를
더욱 진지하게 만든다. 공짜라고 대충대충 하는 것보다 결과적으로
얻는 것은 더욱 크지 않을까.

'자비'란 돈만을 말하는 것이 아니다. 시간도 돈 이상으로 되돌릴
수 없는 중요한 자산이다. 인생에 있어서 가장 크고 유한한 자산이
라고 할 수 있다. 예를 들어 책 한 권을 읽는 데 10시간이 걸렸다고
하자. 나중에 '10시간이 걸릴 만하다'고 생각할까, 아니면 '10시간
전으로 되돌리고 싶다'고 생각할까. 어릴 때는 깨닫기 힘들지만 이
차이는 아주 크다.

친절하게 알려주는 것도
효과적인 리뷰

리뷰 중에는 종종 초보자나 미경험자를 위해 '굉장히 친절하게 알려주고' 있는 것도 있다. 이것도 읽는 이에 따라서는 아주 중요한 보물과도 같다. 예를 들어 레스토랑 리뷰의 경우 '일단 이걸 먹어 보라', '이 순서로 주문하면 빠르다', '이것은 가격 대비 양이 많다' 등의 내용이 종종 있다. 혹은 시리즈로 된 책이나 영화도 '이건 세 번째 작품부터 보면 이해하기 쉽다', '가장 훌륭한 건 다섯 번째 작품'이라는 설명이 있으면 그 글을 읽는 사람은 돈과 시간을 절약할 수 있다. 음악 CD의 경우도 '이 아티스트는 이 앨범을 추천한다' 등의 글이 있으면 초보자에게는 도움이 된다. 이러한 친절함에는 순수하게 박수를 보내야 할 것이다.

물론 다른 사람에게 이렇게 구체적으로 권한다는 건 그 나름의 책임도 따른다. '말이랑 전혀 다르네', '말한 대로 했더니 오히려 손해다'라는 불만이 나올 가능성도 있다. 그때 제대로 반론할 수 있을 것인가 하는 것도 일종의 주인의식이라고 할 수 있다.

이렇게까지 사명감에 불타오르지 않더라도 읽는 사람에게 참고가 되는 리뷰를 쓸 수도 있다. 자신의 실패담을 솔직히 쓰는 것이다.

예를 들어 일상용품이나 식품에 대해서 '생각한 것보다 너무 커서 쓰기 불편하다'라든지, '질려서 다 썩혀 버렸다', '체질적으로 안 맞았다'라고 하면 그 상품이 더욱더 현실적으로 전달된다. 상품 그 자체를 비판하는 것이 아니라 사용자로서의 솔직한 소감을 표현하는 것이다.

이러한 리뷰를 읽은 사람은 각각 자신의 상황에 맞추어 실패를 간접 체험할 수 있다. 전철을 밟을 것 같으면 사지 않고, 괜찮을 거라고 생각하면 사면 된다. 즉, 그 상품에 대해 새로운 시점을 갖게 되는 것이다.

일부분만 다루는
'한정 리뷰'라도 좋다

리뷰가 담아야 하는 정보로는 크게 두 가지가 있다. 하나는 대상 그 자체에 대해 소개하는 것, 다른 하나는 대상의 주변 정보를 제시하는 것이다. 내용을 요약하거나 같은 아티스트의 다른 작품에 대해서 다루거나 다른 아티스트의 비슷한 작품과 비교하는 식이다. 이러한 정보를 더하면 대상을 보다 입체적으로 평가할 수 있다.

단, 너무 길게 써서는 안 된다. 100~200자 정도로 요약하는 것이 좋다. 대신 줄거리만 쓰면 재미가 떨어진다. 스스로가 생각하는 클라이맥스 부분을 골라 소개하는 것이 리뷰로써 의미 있다.

예를 들어 '이 책은 ○장을 읽는 것만으로도 가치가 있다'라고 쓰고 그 이유나 내용을 간단히 소개한다. 쓰는 사람도 자신의 취향이 있기 때문에 이렇게 쓰는 편이 쓰기 쉽다. 초점을 좁히면 열정이 생긴다.

원래 리뷰의 기본은 '존중(리스펙트)'에 있다. 그 대상에 대한 '애정'이 있고 그것을 말로 표현하고 싶다, 사람들에게 전하고 싶다는 기분으로 쓰는 것이다. 그렇다고 해서 작품의 모든 부분을 깊이 '존중' 할 수 있는가 하면 애매한 부분도 많을 것이다.

그렇기 때문에 존중할 수 있는 부분만을 골라 쓴다. 소설이라면 '이 등장인물만 매력적이었다'라든지, 영화라면 '의상이 훌륭했다'라 든지, CD라면 '기타 솔로만 너무 튄다' 정도로도 좋다. 그러한 것들 이 열정적인 리뷰를 쓸 수 있게 한다.

꼭 비판하고 싶을 때도 '이 부분에 대해 말하면'이라든지 '이 작품 에는 안 어울렸다' 등으로 한정하는 편이 좋다.

사실 이것은 고대 그리스의 소크라테스나 플라톤 시대부터의 지 혜이다. '나는 이런 입장인데 이것에 한정해서 말하고 있다'라고 밝 히고 대화나 논의를 성립해 나가는 것이다. 그렇게 하면 서로 활발 하게 토론할 수 있기 때문에 이것은 일종의 스포츠와도 같다고 볼 수 있다.

이와는 대조적인 것이 인터넷 상에서는 종종 보게 되는 완전부정 이나 인격비판이다. '프로의 자격이 없다'라든지 '시간 낭비다'라든 지 '은퇴해라' 등의 표현은 격이 떨어지는 욕설과 같은 수준이다. 고 대 그리스의 지혜와는 정반대라 할 수 있다.

존중할 만한 점이 없으면 그것은 문장에 여실히 나타난다. 건성 으로 쓴 것이든 비판이든 둘 다 읽는 이에게는 재미있지 않다. 그러 한 대상에 대해서는 처음부터 쓰지 않는 것이 좋다.

바꾸어 말하면 이것은 말하는 범위를 한정하는 것이기도 하다. 앞에서 말했듯이 자신의 입장을 확실히 하는 것도 한정이지만 대상 작품의 일부분에 대해서만 말하거나 어느 특정 시점으로 평가하는 것이 '한정'이다. 그러면 '한정×한정'이라는 형태가 되기 때문에 보다 오리지널리티가 증가한다. 그것도 좋은 리뷰의 조건이라고 할 수 있다.

보는 각도를
제시하자

고시가야 오사무의 베스트셀러 소설을 영화한 〈양지의 그녀〉가 큰 인기를 끌었다. 이 영화에 대해 다음과 같은 리뷰가 있었다고 하자.

인기를 얻기 위한 교과서가 될 것 같아 보았는데 여자 아이의 시선으로 본 이야기가 많아서 당황했습니다. 하지만 생각해 보니 여자 아이의 기분을 잘 그렸기 때문에 베스트셀러가 되고 영화화되었겠지요. 남자와는 많이 다른 부분을 배울 수 있어서 정말 좋은 교과서가 되었습니다.

이 사람은 '인기 있었으면 좋겠다'는 목적이 있었다. 이처럼 '한정'을 하면 리뷰를 쉽게 쓸 수 있고, 일반적인 영화 평가와는 다른 시선으로 쓸 수 있다. 작품 전체에 대해 비판적인 시선이 없어도 상관없다.

철학자 칸트는 '우리는 사물 자체를 안다는 것은 불가능하다'라고 말한다. 눈앞에 한 사물이 있다고 해도 '이것은 무엇이다'라고 단언

할 수 없다. '이렇게 보인다', '이렇게 느껴진다'라고 말할 수 있을 뿐이다. 예를 들어 여기에 한 그루의 나무가 있다고 하자. 우리는 그것에 이름을 붙일 수는 있지만 그것 자체를 파악하고 있는 것은 아니다. 그 나무에서 쉬는 새, 줄기를 기어다니는 벌레는 각각 인간과는 전혀 다른 식으로 파악하고 있을 것이다.

좀 과장해서 말하자면 리뷰도 마찬가지이다. '이 작품은 이것이다'라고 단정하면 기분은 좋겠지만 그것은 결국 일부분에 지나지 않는다. 분수를 알고 '이 각도에서 보면 이렇게 보인다'라고 쓰는 것이 정확하고 쓰기도 쉽다. 이른바 '작법'이라고 딱 잘라 구분하는 편이 좋다.

단, 너무 겸손하면 또 자기주장이 약해져서 기운이 빠진다. 그렇게 되지 않기 위해서는 문장 안에서 강약을 살리는 것이 필요하다. 사실 관계 등 단정해도 되는 부분은 확실히 쓴다. 그리고 의견을 말할 때는 '이러한 관점에서 보면 이렇게 보인다'라는 표현을 쓴다. 이렇게 강약을 조절해서 쓸 수 있으면 감정적인 가치판단이 아니라 자신만의 시점을 가지고 발언할 수 있게 된다.

이러한 '한정'을 자각적으로 할 수 있는 사람은 사고력을 제대로 갖추었다고 말할 수 있다. 그 자체가 '나만의 생각'을 가지고 있는 증거라고도 할 수 있다.

제작자의 시선으로 쓰는
리뷰도 재미있다

영화 리뷰를 읽어 보면 '제작자의 시선'으로 바라보고 있는 것도 적지 않다. '나라면 이러한 스토리로 하겠다', '이 배우를 썼어야 했다'라는 식이다. 이것도 재미있는 리뷰의 하나이다. 실제로 그 사람이 제작자로서 갖추어야 할 기술이나 능력이 있는지 없는지는 별개의 문제이고, 말하는 것은 자유이다. 의견의 발로 방법으로 인정해야 하는 것이다. 예를 들어 프로야구에서도 자신이 마치 감독이 된 듯이 보는 사람이 적지 않다. 텔레비전을 향해 '이제 투수 교체를 할 때다', '이제 희생번트뿐이다'라고 말하는 경우이다. 그저 무책임한 입장으로 멋대로 말하고 있기 때문에 재미있는 것이다.

이전에 한 프로야구 선수가 흥미로운 이야기를 해 주었다. 그 팀에는 열렬한 팬이 한 명 있었는데 어쩌다 시합에서 지면 인터넷에 신랄한 글을 올렸다고 한다. 내용도 기술과 전술까지 다루고 있어 꽤 전문적이었다고 한다.

그러던 어느 날 팀에서 팬미팅을 열었다. 그때 그 팬도 참가해서 연습시합을 하게 되었다. 아마추어 집단이었기 때문에 개개인은 실력 차가 있었다. 하지만 그중에서도 팀의 발목을 잡은 사람이 바로 그 팬이었다. 선수들에 비해 몸놀림이 둔한 것은 당연하지만 서포터즈들 중에서도 눈에 띄게 못했다고 한다. 대단한 기술이나 전술에 대한 글은 그저 무책임한 탁상공론에 지나지 않았던 것이다. 그런 그의 모습을 직접 본 프로야구 선수들이 화를 냈냐하면 그렇지 않았다. 오히려 '자기는 못하면서도 팀을 위해 그렇게 필사적으로 글을 올리고 있었다'고 감사하며 '귀엽다'고 생각했다고 한다. 이후로도 그 팬은 신랄한 글을 계속 올렸지만 선수들은 그 글이야말로 '애정의 증거'라고 여긴다고 한다.

이 이야기도 하나의 진리이다. 어느 세계에서도 프로는 어떤 의미에서 가혹한 상황을 스스로 받아들이고 있는 사람을 가리킨다. 그들의 직업은 그것에 대해 가치를 지불하는 존재에 의해 성립된다.

그러면 후자가 전자에 대해 불만을 말하는 것도 당연하다. 근거 없는 말로 남을 비웃고 헐뜯는 것은 논외이지만 '이대로는 안 된다', '이렇게 하면 더욱 좋아질 텐데'와 같은 질타와 격려라면 설령 무책임하다 해도 허용된다. 물론 듣는 쪽이 이러한 '조언'을 그대로 받아들일 리는 없지만 말하는 쪽은 그 자체가 '나만의 생각'의 발로이고 대가를 지불하고 얻은 즐거움인 것이다.

제작자의 시선이
진정한 '제작자'를 키운다

'제작자의 시선'으로 보는 것은 '나만의 생각'을 갖는 훈련이 되기도 한다. 제작자의 머릿속 상상력을 배우기 때문이다. 영화 DVD에는 종종 부록으로 메이킹 영상이 수록된다. 미야자키 하야오처럼 유명한 감독 작품의 경우에는 영화 개봉일에 맞추어 텔레비전에서 특집 방송을 하거나 잡지 인터뷰 기사가 게재되기도 한다. 이것을 보면 어떠한 의미를 담아서, 어떤 과정으로 제작되었는지 알 수 있다. 그러면 왠지 자신이 현장에 함께 있었던 것 같은 기분도 들고, 작품을 보다 깊이 있게 즐길 수 있다.

또한 영화 제작이 얼마나 중노동인지도 알게 될 것이다. 예를 들어 눈을 뿌리는 장면을 만드는 것도 큰 작업이다. 번화한 모습을 연출하려면 많은 엑스트라를 모으지 않으면 안 된다. 당연히 나는 흉내도 낼 수 없는 일이다. 그럼 자연히 제작자를 존경하는 마음이 생겨날 것이다. '내가 감독이면 이렇게 찍겠다'라는 의견을 가지는 것은 자유이다. 비판적인 리뷰에 가끔 '그럼 네가 만들어 봐라'라는 신랄한 코멘트가 따르는 경우도 있지만 이것은 번지수가 틀렸다. 물론 무책임하다는 것은 사실이지만 어설프게 '현장'을 알고 있다는 건 잔소리꾼의 의견이 되기 쉽다. 그 리뷰는 그 자체로 사람들이 오히려 재미있어 하지 않을까? '못 하니까 비판해서는 안 된다'는 건 아니라고 생각한다.

이것은 그 분야 문화수준을 끌어올리게 할 수도 있다. 예를 들어 브라질에서는 국민 전체가 축구 대표 감독이 된 기분으로 응원을 한다. 월드컵을 비롯한 국제대회에서 우승하면 환희에 휩싸이지만 그와 반대인 경우는 감독을 비롯해 철저하게 깎아내리는 것이 일반적이다. 그런 분위기 속에서 벌어지는 축구경기는 필연적으로 수준이 높아지게 되어 있다.

다른 예로 일본인의 경우는 유도에 대해 비슷한 경향이 있다. 국제시합은 우승하는 것이 당연하고 준우승도 '졌다'고 느끼는 경향이 많다. 유도에 대해 잘 아는 사람이 이렇게 많은 나라는 별로 없을 것이다. 요즘 성적이 좋지 않다고 해도 일본에는 세계 최고의 선수들과 겨룰 수 있는 선수들이 꽤 있다.

영화의 경우도 과거 구로사와 아키라*나 오즈 야스지로**가 활약한 덕분에 정확한 심미안을 가진 관객들이 많다. 영화가 일상생활에서 최대의 오락이었기 때문에 제작자도 관객도 진지하다. 그러한 긴장관계가 풍부한 영화 문화를 떠받치고 있는 것이다.

여담이지만 오늘날 신작영화는 텔레비전에서 대대적으로 광고하는 것이 관례이다. 광고를 보고 관객이 모여들기 때문에 그다지 수준이 높지 않은 영화도 크게 히트한다는 공식을 따랐다. 즉 마케팅만으로 우열을 가리는 세계가 되어 가고 있다. 이 경우 차분히 영화 비평을 하는 프로세스는 존재하기 힘들다. 이러한 상황에서 앞으로도 영화 문화가 발전할 것인가 하면 상당히 힘들 것이다.

이미 순문학 세계는 일본에서 사라지고 있다. 제대로 평가할 수 있는 독자층이 얇아지면 상품으로 성립하지 않는다. 따라서 작가가 먹고살 수 없다. 이대로라면 재능 있는 사람이 이 업계에 올 확률은 낮아진다. 이러한 현상이 영화를 비롯한 다른 분야에서도 일어나지 않는다는 보장은 없다. 그것을 피하기 위해서는 보다 많은 팬을 확보해서 건전한 비평문화를 키워가야 한다. 제작하는 측에서 '제작자의 시선'을 제공하는 것도 그것을 돕는 한 방법이다.

- 구로사와 아키라(黑澤明, 1910~1998)는 일본을 대표하는 유명 영화감독으로 대표작으로 〈라쇼몬〉, 〈7인의 사무라이〉 등이 있다.
- •• 오즈 야스지로(小津安二郎, 1903~1963)는 일본의 영화감독으로 구로사와 아키라 등과 함께 일본 영화의 3대 거장으로 꼽힌다. 대표작으로 〈도쿄 이야기〉가 있다.

관념적이거나 추상적인
표현을 피하자

리뷰에만 적용되는 이야기가 아니라 문장을 쓸 때도 식상한 것이 바로 추상적인 단어의 나열이다. 예를 들어 '감독은 최선을 다해 만들었다', '이 작품은 좋았다'라든지, 혹은 단어로 말하자면 '용기', '인연', '마음' 등이다. 개념이 너무 크기 때문에 초점이 희미해서 평범해 보인다. 그래서 '나만의 생각'이 없는 것처럼 보여진다.

여기서 중요한 것은 키워드를 만든다는 감각이다. 한 작품을 '재미있다'고 생각했다면 그 근본적인 이유는 무엇인가, 한마디로 표현하면 어떤 말로 할 수 있을까 이것이 바로 키워드가 된다.

일반적으로 '성공하는 사람은 나만의 생각을 가지고 있다'고 말하는 경우가 종종 있다. 하지만 원래 '말'은 오랜 역사를 거쳐 오면서 생겨난 공공적인 것이지 개인이 만드는 것이 아니다. 『율리시스』를 지은 제임스 조이스 정도라면 이야기가 달라지지만 대다수는 이미 존재하는 말의 범위에서 벗어나지 않는다.

그럼 왜 자신만의 말을 가진 사람과 가지지 않는 사람이 있는 걸까? 그것은 전적으로 추상어를 사용하느냐 아니냐의 차이다. 예를 들어 '사회인으로서 필요한 자질이나 역량은 무엇인가'라는 질문에 대해 '성실함', '열의' 등을 대답했다고 하자. 이것도 틀린 것은 아니지만 너무나 당연한 말이어서 뜻하는 바가 명확하지 않다. 그다지 깊이 생각하지 않고 쉽게 생각하고 말한 듯한 인상을 준다. 이것이 자신만의 말이 없는 사람의 대답인 것이다.

그에 비해 예를 들어 '주인의식을 가질 것'이라고 대답하면 약간 사회인처럼 보인다. '주인의식'을 키워드로 하는 것만으로 자신만의 말을 가지고 있다는 인상을 줄 수 있다.

특히 효과적인 것이 이 키워드를 제목으로 내세우는 것이다. 적어도 '○○에 관한 ○○에 대해'라는 제목은 실패작이다. '○○은 ○○이다'라고 억지로라도 단언하는 편이 읽는 이들에게 흥미를 불러일으킨다.

이렇게 제목을 먼저 생각해 두면 앞으로 쓸 글의 키워드를 정할 수 있다. 그렇게 하면 흔들림 없는, 콘셉트가 확실한 글이 될 수 있다. 좋은 제목이 떠오르지 않는다는 것은 아직 내용을 못 정했다는 의미이기도 하다.

'인용'으로
가치를 높여라

키워드를 간단히 발견하는 방법 중 하나가 인용이다. 특히 리뷰에서 '인용'은 귀중한 보물과 같다. 책이라면 적당한 한 문장을 인용하고, 영화라면 중요 대사를 적는다. 그게 자신이 주장하는 문맥에 제대로 녹아들면 가치는 상당히 높아진다.

나는 대학에서 학생들에게 종종 에세이를 쓰게 한다. 하지만 쓰는 게 익숙하지 않은 학생들의 글을 '재미없다'고 느낀 적도 적지 않다. 그 원인의 하나는 '특별함'이 부족해서였다. 새로운 시선이나 지식의 제시가 없다.

그것을 메우는 가장 빠른 방법이 '인용'이다. 에세이 전체가 시시해도 인용 부분에서 지식을 얻는 경우가 종종 있다. 그것만으로도 '잘 읽었다'라는 뭔가 얻은 듯한 기분이 드는 것이다. 그래서 학생들에게도 '꼭 한 번은 인용을 넣을 것'을 지도하는 것이 일반적이다.

리뷰도 마찬가지이다. 인용력을 기르면 전체를 압축할 수 있다. 연습으로 일단 책의 리뷰를 써 보자. 처음에는 마음에 드는 문장을 두 개 정도 써 둔다. 이 작업은 그다지 시간이 걸리지 않는다. 그런 다음 그 인용문에 관한 설명을 앞뒤로 덧붙인다. 기본적으로는 이것만으로도 훌륭한 리뷰가 탄생한다.

나도 칼럼 등을 쓰는 경우가 종종 있다. 이때 여러 인용문을 관통하는 콘셉트를 제목으로 보여줄 수 있다면 아주 짧은 시간에 내용이 있는 글이 된다. 그리고 심리적인 부담을 줄일 수도 있다. 예를 들어 새하얀 컴퓨터 화면을 마주하고 1,000자를 쓰려고 하면 상당한 부담감을 느끼게 된다. 그러나 처음부터 인용한 부분으로 100자라도 써 놓으면 그게 시작이 되어 속도가 붙는 것처럼 느껴진다. 그러한 기세로 글을 어떻게 덧붙일 것인가, 전체를 어떻게 구성할까를 고민하는 동안 글이 완성된다. 더구나 과거와는 달리 지금은 컴퓨터로 쓰는 것이 일반적이기 때문에 글의 순번을 바꾸거나 덧붙이는 것이 자유자재이다. 처음부터 써 내려가기보다 이렇게 하는 편이 쓰기 쉽다.

인용문을 고르는 법은 기본적으로 직감, 센스로 하면 된다. '좋음-싫음', '괜찮은 느낌-싫은 느낌' 정도로도 충분하다. 그리고 왜 자신이 그것을 골랐는지, 냉정하게 이유를 생각해서 말을 덧붙여 나간다. 이러한 과정을 따르면 개성이 드러나 재미있어진다.

또한 어떠한 단어라도 따옴표를 붙이면 키워드처럼 된다. 예를 들어 메이지대학 럭비부의 슬로건은 '앞으로'라는 한 단어이다. 특별할 것도 없는 단순한 단어지만 따옴표를 붙이면 인생의 교훈 같은 느낌이 든다. 그다음은 이 단어를 선택한 이유를 어떻게 설명할까 하는 문제만 남아 있다.

2일차

생각하는 기술을 습득하는 기본 도구

사고 패턴이라는 무기

'어떻게 다른가'를
생각하자

수학 문제에 몇 가지 해법이 있는 것처럼 사고에도 몇 가지 패턴이 있다. 보통 우리가 '이 사람은 머리가 좋다'라든지 '제대로 생각하고 있구나'라고 느끼는 사람은 사실 몰래 이 패턴을 구사하고 있다. 그러므로 우리도 그 패턴을 익혀 '무기'로 삼으면 좋다. 2일째는 가장 실용적이라고 여기는 것을 소개하고자 한다. 첫 번째는 '비교하기'이다.

예를 들어 한 장의 그림에 대해 누군가 감상을 묻는다면 '좋다', '나쁘다'라든지 '마음에 든다', '싫다' 수준의 대답밖에 안 나올지 모른다. 경우에 따라서는 '잘 모르겠다'라든지 '별로'라고 대답하는 사람도 있을 것이다. 그러나 또 다른 그림 한 장이 있어서, "비교해서 어떻게 생각하나요?", "어느 쪽이 좋나요?"라는 질문을 받으면 다양한 표현이 가능해질 것이다.

역사를 되돌아보면 근대 일본을 A라고 할 경우 비교 대상이 되는 B는 항상 서양이다. 후쿠자와 유키치의 『학문의 권장』을 관통하는 것도 이와 같은 구도이다. 기존 한학자에 의한 추상적인 논의는 의미가 없고, 그에 비해 서양은 구체적이고 합리적인 과학이 발달했다는 주장이다. 그래서 일본도 서양문명을 받아들여, 과학이나 실학을 배울 필요가 있다는 것이다.

이러한 거창한 테마까지 생각할 필요 없이 일상생활에서도 '비교'는 쓸 수 있다. 한 대상에 대해 '반드시 비교해서 생각한다'라는 사고 습관을 갖는 것이다. 이처럼 차이에 주목하는 것으로 대상의 특징을 파악할 수 있다. 이것이야말로 사고가 정체되지 않기 위한 아주 기본적인 방법이다. 적어도 '모르겠다', '별로'라는 대답은 하지 않게 될 것이다

그뿐 아니라 문장을 쓰거나 기획을 낼 때도 효과적이다. 종종 본인의 생각만으로 쓴 것을 보게 되는데 그것이 채택되지 않을 것은 불 보듯 뻔하다. 무엇을 전하고 싶은지 어디에 특징이 있는지를 써 넣을 필요가 있다. 그때 비교대상으로서 B를 준비하면 설득력을 갖게 된다. 단순히 A를 밀어붙이는 것보다 사고에 깊이가 있는 것처럼 보이기 때문이다.

일반적으로 세상에서 말하는 통설이나 기존 상품 등이 B에 해당한다. 그러므로 자신이 주장하고 싶은 주인공 A를 빛나게 하기 위한 조연으로 B를 비교대상으로 삼아야 한다.

하나의 문장을
두 개로 분해하자

비교에서 중요한 것은 A와 B를 제대로 정의하는 것이다. 노트나 메모장에 'A', 'B'라고 나누어 쓰는 것을 한두 번 해 본 사람은 많이 있을 테지만 그런 습관이 있느냐 하면 거의 없을 것이다.

내가 이렇게까지 강하게 비교에 대해 강조하는 것은 예비교° 시절에 현대문학 선생님으로부터 '현대문은 대비로 읽어라'고 배웠기 때문이다. 대체로 시험에 나오는 현대문은 너저분하고 복잡하게 쓰인 것들이 많다. 한 번 읽어서는 무엇을 말하고자 하는지 알 수 없는 것이 특징이다. 그러나 답을 이끌어내기 위해서는 그 내용을 깔끔하게 정리하지 않으면 안 된다.

이때 효과적인 것이 비교다. 문장을 분해하면 저자가 말하고자 하는 것을 쓴 A 부분과 그 전제나 비교로 삼기 위해서 쓴 B 부분을

• 일본에서 시험을 준비하는 학생들에게 미리 정보를 제공하는 상업적 교육 시설로 일반
  적으로 대학 수험생을 위한 예비교를 가리킨다.

구분할 수 있다. 그것을 염두에 두고 읽어 나가면 전체의 구조도, 저자의 주장도 파악하기 쉬워진다.

물론 적당히 읽어서는 안 된다. A와 B 각각을 상징하는 단어나 문장을 나누어 써 본다. 그렇게 하면 단어 집합이 생겨 결국 전체 구조가 확실히 떠오른다.

사실 이전부터 나는 이러한 독서법이 합리적이라고 여기고 있었다. 그것을 예비교에서 실험하고 '내 말이 맞다'는 강한 믿음을 얻게 되었다. 그런 경험도 있어서 비교야말로 사고의 기초라고 확신하고 있다.

이것은 문장의 독해에만 해당되는 이야기가 아니다. 클래식의 경우, 같은 악곡이라도 지휘자나 연주자에 따라 표정이 각각 다르다. 그것을 듣고 구별할 수 있으면 악곡에 대한 이해가 깊어지거나 특정 연주자의 팬이 되기도 한다. 혹은 축구선수 중 포워드라고 해도 경기 운영 스타일은 선수마다 제각각이다. 그 점에 주목해서 관전하면 축구의 재미를 더욱 느낄 수 있다. 어느 쪽이든 시야가 넓어져 사고의 폭이 넓어지는 것이다.

또 하나, 이 방법은 다른 사람의 이야기를 들을 때도 쓸 수 있다. 노트나 메모장에 'A', 'B'라고 쓰고 단어나 문장을 나누어 적는다. 사람에 따라서는 A만 말하는 사람도 있을 텐데 그렇다면 자신이 B를 정하면 된다. B에 무엇을 적을까 생각하면 이야기를 받아들이는 방식도 바뀔 것이다.

　예를 들어 어느 상품 A의 프리젠테이션을 듣는다고 하자. 발표하는 사람이 장점만 강조한다면 기존의 유사 상품 B를 떠올려 비교해 보는 것이다. 그로 인해 A의 진정한 장점이나 반대로 B보다 열등한 점이 명확해져 상품으로서의 가치가 부각되기 때문에 좋은 판단 재료가 된다.

다른 것에서
공통점을 찾아라

B에 유사 상품이 아니라 전혀 다른 분야의 상품이나 서비스를 놓을
수도 있다. 언뜻 보면 닮은 점이라고는 찾을 수 없는 것을 비교해서
공통점을 찾는 방법이다.

예를 들어 프로야구 드래프트는 그것을 결혼 준비에 응용할 수
있다. 구단에 있어서는 선택 희망선수를 추첨으로 제외해 나가고,
결과적으로 제4후보 정도를 드래프트 1순위에 놓는 경우가 있다.
이건 연애에서도 통하는 부분이 있다.

TBS의 예능 프로그램에 '소개팅 대작전'이라는 코너가 있었다.
장가를 못간 시골 남성과 프로그램에서 모집한 많은 여성을 집단 소
개팅시키는 것이다. 그걸 보면 여성 출연자들은 처음에는 역시 꽃
미남에게 몰린다. 그러나 꽃미남이 고르는 여성은 단 한 명뿐이다.
그렇다고 많은 여성이 실의에 빠져 돌아갈까? 그렇지 않다. 최종적
으로는 절반 이상이 커플이 되어 기분 좋게 마무리된다.

여성들 대부분은 말하자면 1지망 추첨에서 떨어진 것이다. 절망

해서 2차 이후의 추첨을 포기한다면 결혼상대를 찾는 것은 힘들어진다. 1위가 안 된다면 2위, 2위도 안 된다면 3위라는 식으로 결론 내리고 다음 수를 생각할 필요가 있다. 그 점에 있어서 드래프트 모습과 연애는 꽤 닮았다고 할 수 있다.

다소 별난 예이지만 언뜻 보기에 전혀 다른 대상이라 할지라도 사실 공통적인 부분은 조금이라도 있다. 그것을 찾는 것도 사고의 기본이다. 뉴턴은 태양이나 달의 움직임과 물체가 떨어지는 현상에서 공통점을 발견하고 '만유인력의 법칙'이라는 발상에 이르렀다. 여기에서 '중력', '질량'은 무엇인가 하는 의문이 생겨나 그 해답으로 나온 것이 '힉스 입자'이다. 물질에 질량을 갖게 하는 것으로 존재가 알려진 것이 1964년이었다. 약 50년이 지난 2013년에 '힉스' 입자는 거의 증명되었다. 그리고 그것을 발견한 학자가 그해 노벨 물리학상을 받았다.

우리의 경우 이렇게까지 대단한 발견을 할 필요는 없다. 그러나 무언가를 보고 '이것은 ○○과 공통점이 있다'라고 연결해 보는 습관을 가지는 것이 필요하다. 약간 강제적으로라도 실천하면 사고를 계속해나가기 쉬워지는 것을 실감할 수 있을 것이다.

예를 들어 영업 일을 하고 있는 사람은 영업 힌트를 아이돌의 프로모션에서 얻을 수도 있을 것이다. 영업 화술을 만담에서 배우는 사람도 있을지 모른다. 전혀 다른 영역이기 때문에 좋은 자극이 되어 오히려 참신한 아이디어가 나오기 쉬운 것이다.

  앞에서 비교를 기본으로 한 '닮은 것들의 차이를 찾는다', '분석해서 비교한다'와 '다른 것들에서 공통점을 찾는다'라는 사고법을 소개했다. 일단 이 세 가지를 습관화하면 이제 뭔가 생각은 떠오르게 될 것이다. 어떤 상황에서 발언을 해야 하더라도 곤란한 상황은 더 이상 없을 것이다.

이미지를 떠올릴 수 있는
비유를 이용하라

다음 사고법은 '비유를 활용'하는 것이다. '비교'의 발전 형태라 할
수 있다. 작가 무라카미 하루키가 예루살렘상을 수상했을 때 그곳
에서 했던 연설 중에 '아무리 벽이 옳고 알이 틀렸다고 해도 나는 항
상 알 쪽에 서겠다'라고 말한 것이 화제가 된 적이 있다.

연설 전문을 보면 이 비유가 단순히 강자와 약자를 가리키고 있
는 것이 아니라는 것을 알 수 있다. 인간은 '알'이고 동시에 시스템
이라는 '벽'을 만들어 냈다. 시스템은 본래 우리를 지키기 위해 존
재했지만 경우에 따라서는 우리에게 위해를 가하기도 한다. 그것을
감시하고 '알의 존엄을 지키는 것이 소설가라는 자신의 사명이라는
말이다.

이 벽과 알의 비유는 아주 훌륭했다. 전 세계의 모든 사람이 순간
적으로 이미지를 떠올릴 수 있었을 것이다. 물론 이렇게까지는 아
니더라도 우리는 종종 비유를 활용하고 있다.

예를 들어 영화든 소설이든 주인공이 마음 속으로 동요하는 것이

재미있었다고 하자. 그것을 사람들에게 전할 때 단순히 '동요'라고 표현하면 한 귀로 듣고 흘려 버린다. 그러나 '파도', '그네', '추' 등의 단어를 사용하면 독자들은 이미지를 머릿속으로 확장해서 그릴 수 있다. 이것이 표현의 묘미이다.

일상회화에서도 비유를 사용하면 일단 머릿속에 정리하기 쉬워 진다. 비유를 활용하는 시점에 '나만의 생각'이 어느 정도 정리되기 때문이다.

바꾸어 말하면 '나만의 생각'을 0에서 시작해서 정립하는 것은 힘들지만 무언가를 배열해 나가면 비교적 쉽다. 즉 어떻게 배열해서 다시 제시할까의 문제인 것이다.

실제로 중장년 남성 중에는 무턱대고 야구를 비유로 쓰는 사람이 있다. '이제 9회말 2아웃 만루 상황 같네요', '한방을 노리기보다 여기서는 일단 번트로 확실하게 한 다음 타자로 연결하자', '너는 중간계투 에이스네'라는 식이다. 야구부 출신인 나의 제자들은 자기들끼리 야구 비유를 쓰지 않고는 못 견딘다. 그 편이 서로 의사소통하기도 쉬울 것이다.

확실히 자신이 잘하는 영역이나 좋아하는 영역을 일 이야기로 가져오면 마음을 들뜨게 할 수 있다. 기분이 좋아지면 사고도 활발해지기 때문에 그것은 효과적인 수단이다.

게다가 그것을 '그렇죠', '맞다'라고 동의해 주는 사람이 있으면 금

상첨화다. 공감대가 생기기 때문에 더욱 기분이 좋아지고 보다 사고가 활발해진다는 호순환이 생긴다.

이것은 조직에서도 중요하다. 학창시절에 혼자 공부하던 것과는 달리 사회인이 되면 서로 지혜를 내고 조정하는 기회가 늘어난다. 그때 전제가 되는 것이 인식이나 지식을 공유하는 것이다. 비유가 잘 통하면 그것이 급격히 빨라진다. 조금 과장해서 말하자면 서로가 교류한 비유가 많은지 적은지가 그 조직의 결속력을 나타내는 바로미터가 되기도 한다.

초일류인의
비유를 빌리자

비유로 비교적 사용하기 쉬운 것은 역시 '초일류'라고 불리는 사람의 말과 행동이다. 예를 들어 작귀雀鬼라고 불리는 마작사 사쿠라이 쇼이치의 저서 『결단은 1초면 충분하다』는 승부의 세계에서 살아온 그의 인생이 그대로 담겨 있다.

나는 인생은 마작과 같다고 생각한다. 마작이라는 게임은 4명 중 한 명이 완성품을 만들면 그것을 금방 부순다. 결코 남겨두지 않는다. 만들어서는 부수고, 부수고는 다시 만든다.

그래서 만들어진 완성품은 뽐낼 필요도 없고, 성공했다고 자만할 것도 없다. 그리고 내가 운영하는 도장에서는, 만들어진 것이 지저분하면 일부러 부수도록 가르치고 있다. …… 우리의 하루하루도 만들고 부수고, 부수고 만드는 것의 연속이 아닐까? 어제도 오늘 아침도 완전히 똑같은 아침은 오지 않는다. 물론 같은 점심과 저녁도 없다. 그리고 또 다른 아침이 온다.

결국 그 연속이 인생이라는 것을 알면 인생에 '성공'이란 없고, 있다면 '성취감'을 맛보는 것이라는 걸 알게 될 것이다.

과거 『인생에 필요한 것은 유치원에서 배웠다』라는 책이 베스트셀러가 된 적이 있었는데, 사쿠라이에게는 마작이야말로 '유치원의 모래사장'이었음에 틀림없다. 희대의 승부사가 전하는 메시지이기 때문에 우리는 그것을 자연스럽게 자신의 인생에 적용해 보게 된다.

사쿠라이 정도는 아니더라도 일반적으로 마작을 좋아하는 사람일수록 그것을 인생에서 적용하고자 하는 경향이 있다. 예를 들어 『아카기 – 어둠에 떨어진 천재』라는 마작 만화에서 주인공 아카기는 끊임없이 마작에만 매달려 온 인생의 교훈에 대해 말하고 있다. 이것이 인터넷상에서 '아카기 명언집' 같은 사이트가 몇 개나 생길 정도로 인기를 끌고 있다. 확실히 마작을 좋아하는 사람에게 있어서 인생의 교훈은 책보다도 마작에서 얻는 편이 받아들이기 쉬울지도 모른다.

또 다른 승부사 중에서 프로 장기기사 하부 요시하루의 말도 깊이가 있다. 저서 『버리는 힘』에는 다음과 같은 글이 나온다.

지식은 간단히 얻으면 좋은 것이 아니라 지식을 쌓으며 이해해 가는 과정에서 '지혜'로 바꿀 필요가 있다. 산더미처럼 쌓인 정보 중에서 자신에게 필요한 정보를 얻으려면 '선택'보다도 '어떻게 버릴까' 하는 것이 중요하다.

어려운 문제에 대해서 모르겠다고 생각하면서 계속 생각해 나가는 끈기, 계속 참고 견뎌 온 과정, 그것이 프로로 성장하는 것을 도운 것은 아닐까?

하부는 장기 이야기를 하고 있다. 하지만 장기를 좋아하는 사람을 제외하고 있는 그대로 읽는 독자는 없을 것이다. 이 말에는 보편성이 있기 때문에 각각 자신의 상황에 적용해 보고 교훈으로 삼거나 격려로 받아들일 것이다. 이것은 훌륭한 비유 활용법이다.

물론 사쿠라이나 하부뿐만 아니다. 각계에 '초일류'라고 불리는 사람이 있고, 언론에 보도되거나, 저서가 있는 경우도 있다. 그중에서 흥미가 있는 사람을 골라 그들의 말과 행동에 관심을 기울여 보는 것도 좋다.

그렇게 한다고 '초일류'가 될 정도로 세상이 호락호락하지는 않지만 스스로 받아들이는 것으로 자신의 생각에 영향을 주게 되는 것이다.

현장 '감각'으로
바라보자

앞에서 말한 비유와 거의 비슷한 것으로 '잘나가는 사람의 사고를 흉내'내는 사고법도 있다. 일단 '잘나가는 사람'을 알기 위해서는 신문, 잡지 등의 인터뷰 기사나 메이킹 영상을 보는 것이 손쉬운 방법이다.

영화 〈바람이 분다〉가 공개되고 얼마 되지 않아 잡지 『Cut』에 영화감독 미야자키 하야오의 인터뷰 기사가 실렸다. 인터뷰 중에 세세한 묘사에 신경 쓴다는 것을 말한 부분이 있다.

> 긴 치마를 입고 풀썩 앉는 장면 등은 아주 힘듭니다. 회의에서도 '아내에게 해 보라고 한 다음에 잘 보고 그려!'라고 말하고는 그냥 끝내요. 그런데 원하는 장면이 나오면요, 그땐 감동이지요. (웃음) 칭찬도 했죠. '잘 했어!' 이런 칭찬을 받으면 행복해지잖아요.

우리는 본편을 다 보고 감동을 느끼기는 하지만 긴 치마를 입은 여성이 앉는 장면을 보고 감동하지는 않는다. 그러나 감독은 이러한 장면도 대충 넘어갈 수 없을 것이다. 미야자키 애니메이션의 우수한 퀄리티는 이 인터뷰에서도 살펴볼 수 있다.

또 『Cut』에는 대 히트 드라마 〈한자와 나오키〉의 후쿠자와 가츠오 감독의 인터뷰 기사도 실렸다. 그에 따르면 화제가 된 드라마의 마지막 장면을 몇십 번이나 다시 찍는다고 했다. 그럼에도 불구하고 현장 분위기가 가라앉지 않았다는 것은 놀랍다. 많은 사람이 좋아하는 드라마는 역시 현장부터 열기가 대단하다.

덧붙이자면 같은 이야기를 이 드라마에 출연하고 있는 여러 배우들에게서도 들었다. 분위기도 그렇지만 몇십 번을 해도 누구 하나 불평하지 않았다고 한다. 게다가 주인공인 사카이 마사토는 그렇게 절규를 했음에도 목이 쉰 적이 없다고 한다. '정말 대단하다'고 배우들은 한목소리로 말했다.

이러한 '현장 감각'을 가지고 드라마를 보면 제작하는 측의 생각을 이해할 수 있다. 절반 정도는 시청자로서 즐기면서 절반은 '이 한 장면을 위해 몇 컷을 찍은 걸까?'라든지 '이 한 장면을 찍기 위해서 저런 곳으로 로케이션을 간 거야?'라는 관점도 갖게 될 것이다.

물론 시시하게 느껴지는 영화나 드라마도 있겠지만 제작 현장에서는 그 나름의 고생이나 고민을 반복하고 있다. 그렇기 때문에 높이 평가하라는 말이 아니라 조금은 이해하거나 경의를 표하는 정도면 좋지 않을까? 그러한 도량이 사고의 시야를 넓히는 것은 아닐까?

텔레비전 프로그램 중 예를 들면 '열정대륙(TBS)'이나 '프로페셔널-일의 유의流議(NHK)', '가이야의 새벽', '캄브리아 궁전(텔레비전도쿄)' 등도 재미있다. 각계의 제일인자의 민낯이나 일하는 풍경을 들여다볼 수 있기 때문이다.

그걸 보면 그들의 일에 대한 열정이나 고뇌가 고스란히 느껴진다. 그러한 의미에서 그 프로그램은 메이킹 영상이라고도 할 수 있으며 본받을 만한 최고의 소재이다.

사고를
활성화하는 지혜

비교의 발전형으로써 '변증법적 사고'도 있다. 명칭은 다소 거창하지만 이것을 마스터하면 사고에 갇히는 일은 절대 없다. '변증'이란 이른바 '대화'를 의미한다. 그러므로 대화적 사고라고 생각하면 된다. 단, 잡담과 같은 대화는 아니다. 예를 들어 한 사람이 '승리에 꼭 필요한 것은 정신력이다'라는 명제를 냈다고 하자. 다른 사람이 '아니, 그렇지 않아. 기술이다'라고 반대 명제를 낸다. 이때 대립과 모순이 생기지만 그것을 환영하거나 장려하는 것이 변증법의 기본적인 태도이다. 모순이야말로 사고의 원동력이 된다.

만장일치뿐인 회의에서는 생각이 필요하지 않다. 아무런 문제가 없다면 머리를 쓸 일도 없다. 대립이나 모순이 있기 때문에 서로 지혜를 내고 타협점을 모색한다. 즉 사고가 활성화되는 것이다.

시험 삼아 일상에 자주 있는 트러블이나 클레임을 반대 명제라고 생각해 보면 어떨까? 그것을 해결해서 보다 좋은 방향으로 이끈다면 반대 명제에도 가치가 있다. 명제와 반대 명제의 모순을 극복하는 것을 지양止揚(아우프헤벤)이라고 한다.

실제로 성장하고 있는 기업일수록 클레임이나 트러블은 피할 수 없다. 해결을 통해 체제 등을 개선하고 더욱 성장해 나가는 것이 일반적이다. 그중에는 날카로운 지적을 해준 고객에게 사례하는 기업도 있다. 기업 측에서 보았을 때 클레임이 감사한 경우도 있다. 그것을 종래의 자기네 방식에 대한 반대 명제라고 파악하면 '그렇다면 이렇게 하자'라는 새로운 아이디어나 서비스가 나오기 쉽다. 즉 미처 살피지 못했던 시점을 깨닫게 되는 것이다.

사실 대학에서조차 '이런 일이 정말 있다고?'라고 놀랄 정도로 적지 않은 트러블이 있다. 나 역시 대학에 근무하고 있어서 모든 걸 알고 있다고 생각하지만 눈치채지 못하는 것이 많다.

그럴 때마다 시스템이나 룰을 다시 살펴보고 약간 조정하는 것으로 같은 문제의 재발을 방지할 수 있다. '환영'한다고까지는 못해도 '각성'을 시켜주는 것은 틀림없다. 어떤 조직이라도 많든 적든 이러한 것들을 반복하고 있는 것은 아닐까?

'변증법'이라면 어렵다는 이미지가 떠오르기 때문에 굳이 깊이 알 필요는 없다. 많은 사람들이 변증법에 대해 공부하는 것보다 어떤 문제가 발생했을 때 '이것이 반대 명제다'라고 냉정하게 받아들이는 것이 중요하다. 그것을 에너지로 바꾸어, 보다 수준 높게 해결하면 그 사람은 이미 '변증법의 권위자'라고 불러도 좋다.

스포츠나
무도 훈련에도 통한다

변증법을 알기 쉽게 해설한 책을 꼽으라면 『변증법이란 어떤 과학
인가?』가 있다. 내용 중에 '양적인 변화가 질적인 변화를 가져오
고, 또 질적인 변화가 양적인 변화를 가져온다'라는 유명한 글귀가
있다.

'양'과 '질'이란 언뜻 보면 전혀 다른 것이라고 생각되지만 이 책에
서는 그렇지 않다고 설명한다. 쉽게 말하자면 어떤 양을 달성하면
서 질이 향상하고, 질이 향상하면 양도 늘어난다는 것이다. 이 책에
서는 이것을 '양질 전화轉化'라고 부르고 있다.

이 책을 읽고 많은 영향을 받은 사람이 가라데 선수 난고 츠구마
사다. 그는 책을 꼼꼼히 읽고 자신의 훈련에 적용시켰다. 난고 씨의
저서 『무도의 과학』에서는 '기술을 익힌다는 것은 양적인 축척에 따
라 질적 변화를 가져오는 것'이라고 지적하고 있다. 즉 반복 훈련이
중요하다는 것이다.

나도 무도를 배운 경험이 있기 때문에 이 책을 읽고 크게 공감했

다. 동시에 감명을 받았던 것은 '변증법 사고를 무도에 적용'하는 발상이다. 방법론을 놓고 철저하게 파고든다는, 그러한 각오가 가슴에 와 닿았다.

같은 발상으로 세계를 인식한 것이 철학자 헤겔이다. 그의 저서 『정신현상학』에 따르면 인간의 정신은 세계 변증법적인 운동에 의해 발전해 왔다. 다양한 모순을 안고 있으면서 그것을 몇 번이나 변증법적으로 해결해 발전시킨 결과, 지금의 정신이 형성되었다고 말한다. 그 귀결로, 헤겔이 살았던 당시에 일어났던 프랑스 혁명을 들고 있다. 인간의 의식이 혁명을 일으킬 정도로 높아졌다는 것이다.

우리에게는 이 정도의 장대한 시점이 필요 없다. 조금만 의식해서 세상을 둘러보면 '변증법적'으로 보이는 것들이 적지 않다. 한 예로 과거의 축구는 개인의 테크닉을 중시하는 브라질 스타일과 팀 전술을 중요시하는 유럽 스타일로 크게 나눌 수 있었다. 양쪽이 맞붙으면 그러한 차이에 따라 게임은 마찰열처럼 에너지가 발산되는 것이 일반적이었다.

그러한 시합을 몇 번이나 반복해서, 상대를 이기기 위한 전술을 시험하고 시행착오를 거듭해가면서 세계 축구 경기는 진화했다. 그것이 지금의 축구를 탄생시켰다고 해도 과언이 아니다.

대립 명제를
제시해 보자

어떤 업계라도 속을 들여다보면 변증법적인 경쟁의 반복이다. 동종 업계의 다른 회사가 새로운 상품이나 서비스를 실시했을 때 그것은 우리 회사에 있어서 이른바 대립 명제가 된다. 자사에는 없는 장점이 있거나 실제로 인기를 끈다고 하면 가만히 있을 수는 없다. 대책을 세워야 한다.

물론 단순히 흉내 내거나 카피한 상품은 세상이 용서하지 않는다. 그렇다고 해서 모른 척 무시하면 그것은 경쟁에서 물러나는 것을 의미한다. 경쟁 회사를 참고하면서 독자적인 새로운 길을 열어가지 않으면 안 된다.

언뜻 보면 힘들겠지만 헤쳐나가는 아이디어를 내는 것 자체가 매우 창의적인 행위이다. 오히려 그러한 힌트와 기회를 준 대립 명제에 감사해야 할 것이다. 그것 또한 변증법적인 발상이다.

더 나아가 회의에서 반대 의견을 말하는 것도 변증법적인 태도이다. 특히 리더의 경우, 반대 의견을 내서 구성원의 반항심을 부채질

하거나 새로운 아이디어를 모을 수가 있다. 반대 의견을 제대로 제시할 수 있으면 분위기는 오히려 더 고조될 것이 틀림없다.

그런데 일본인의 경우, 대체로 정면승부를 좋아하지 않는 경향이 있다. 회의에서 A라고 주장하는 사람에게 반대해서 B라는 의견을 던질 수 있는 사람은 적다. 오히려 반대나 모순이 생기지 않도록 신경을 써서 B가 있어도 모른 척하고 싶어 한다. 불필요한 풍파를 일으키면 논의 전에 인간관계가 무너질지도 모르기 때문이다.

그러한 상황에서 B를 주장할 때는 말투에 신경을 쓸 것! 즉 완곡한 표현에 신경을 쓴다. '이것은 반대 의견입니다만', '~라고 말씀하시지만', '그렇지만 그건 그게 아니라'라는 식은 정답이 아니다. '종합적으로는 그것이 좋다고 생각합니다만'이라고 말을 꺼낸 다음, '회사 내에서는 이러한 의견도 있다'라든지 '최근 이러한 클레임을 받았다' 등으로 말하는 것이 무난하다.

현상학적인 사고로
세상을 바라보자

다음으로 '현상학적 사고'도 꽤 효과적이다. 대학원생 시절, 나의 전공은 '현상학'이었다. 독일의 철학자 에드문트 후설이나 모리스 메를로 퐁티라는 철학자가 이 분야를 대표하는 사람이자 중요한 연구 대상이었다.

요점만 간략하게 정리하면 '생각을 한 번 바꾸어 사건 자체를 보라'는 것이다. 그에 따라 일종의 각성을 얻는 것이다.

예를 들어 '사과 그림을 그려라'는 명령을 받으면 우리는 그림 실력과는 무관하게 자유롭게 그릴 수 있다. 머릿속에 사과 이미지가 있기 때문이다. 그러나 현실의 사과는 각각 색이나 형태가 달라 어느 것 하나 똑같은 것이 없다. 그렇다면 우리는 사과 그 자체를 보지 않았다는 것이 된다.

프로 화가의 프로페셔널함을 여기에서 찾을 수 있다. 눈앞에 있는 대상을 관찰하고 '이런 모습이 있다'고 발견하거나 그 놀라움을 그려내는 것이 그들의 일이다. 대상은 사과처럼 아주 일상적으로 접하는 것들이다. 그래서 그림을 감상하는 사람들에게 놀라움을 느끼게 한다.

혹은 하이쿠의 묘미도 이와 같은 '놀라움'에 있다. 마츠오 바쇼의 유명한 "한적함이여 바위에 스며드는 매미의 소리"에서도 '매미 소리가 오히려 한적함을 두드러지게 하고 있다.', '마치 바위에 스며드는 듯하다'라는 놀라움이 넘쳐난다. 모두 일상에서 자주 보는 풍경이고 보통 아무도 주의를 기울지 않는 것들이다.

그러나 이 구절을 읽고 현실 속에서 늘 보는 풍경의 재미에 눈뜨게 된다. 놀라움, 이것이 현상학적인 접근이다. 그 중요성을 알게 하는 소재는 세상에 얼마든지 있다. 예를 들어 '외국인'이라는 표현을 일상적으로나 텔레비전에서도 자주 듣고 있지만 이것은 전형적인 비현상학적인 말이다. 국적이나 민족은 물론, 말하는 언어도 생김새도 사람들은 제각각이다. 그것을 '외국인'이라는 한마디로 옭아매 버리는 것은 사고정지에 가깝다.

이것은 일본인에게 국한되는 이야기가 아니다. 유럽에서는 일본, 중국, 한국이 '동아시아'라는 말로 동일시될 때가 종종 있다. '묘하게 근면한 지역', '경제가 부강하고 여러 제품을 생산하는 지역'이라는 이미지다.

당연한 말이겠지만 일본인과 중국인과 한국인 중에서 서로를 닮았다고 생각하는 사람은 거의 없을 것이다. 즉 '동아시아'라는 묶음 자체가 현상학적이 아니라는 의미가 된다. 그렇게 생각하면 더욱 카테고리가 넓은 '외국인'이 얼마나 부당한 분류인지도 알 수 있다.

좀 더 세세하게 살펴보면 '저 나라 사람과 이 나라 사람은 다르다' 라는 것을 알 수 있다. 나아가 '한 나라 안에도 다양한 사람이 있다' 라는 당연한 결론에 이를 것이다. 이것인 현상학적인 태도라고 할 수 있다.

레테르를
차츰 바꾸어 붙이다

넓은 시야를 가지고 세계의 역사를 되돌아보면 비현상학적인 태도가 몰이해와 불관용을 낳아 전화戰禍를 가져왔다는 사실을 알게 된다.

고대의 그리스에서는 이민족을 '바르바로이'라고 불렀다. 이것은 '알 수 없는 말을 하는 사람'이라는 뜻이다. 고대 중국에서도 주변의 이민족을 '오랑캐'라고 낮추어 불렀다. 다른 지역에서도, 긴 전쟁이나 분쟁이 끊이지 않았다는 건 이미 알고 있을 것이다.

공통적인 것은 일단 이러한 레테르letter(상표)를 붙이면 거기로부터 너머를 보려 하지 않는다는 점이다. 더욱 자세히 살펴보면 '이 이방인들과 자기들은 그다지 생각이 다르지 않다', '위협이라고 단정하는 것은 빠르다', '어쩌면 대화가 가능할지도'라는 느낌을 갖게 될지도 모른다.

우리 주위에도 비슷한 이야기가 적지 않다. '여성은 이렇다', '여성에게는 무리다'라는 말투도 그중 하나다. 예전에는 그랬을지도 모르지만 오늘날의 여성은 바뀌고 있다. 얼마 전까지만 해도 여자 마라톤은 생각할 수 없었다. 그러나 지금은 올림픽의 인기 종목 가운데 하나다. 확신을 배제하는 것만으로 불가능이 가능해진 것이다.

혹은 중장년층이 젊은 세대에게 '요즘 젊은 것들은'이라고 비판하거나 '신인류'나 '무기력 세대', 최근에는 '유토리 세대*'라는 딱지를 붙이는 것도 이와 같다. 이 말들이 전혀 논점에서 벗어난 것은 아니다. 그러나 젊은 층이 보기에는 '유토리 세대라고 싸잡아서 말하는 것은 잘못이다'라는 것이다.

매년 100명 단위의 학생과 20년 이상 접해온 내가 보기에도 그들한 명 한 명은 다르고, 단순히 한데 묶을 수는 없었다. 자기 주변에 있는, 아주 한정된 '샘플'로 전체를 평가하려는 것은 정곡을 찌르기 어려울 터이다.

그렇지만 레테르는 어떤 의미에서 도안과 같은 것이기 때문에 아예 없는 것도 불편하다. 또 '멋대로 붙이지 마'라고 해도 누구도 들으려고 하지 않을 것이다.

현상학적인 태도에서 중요한 것은 자기 나름의 새로운 레테르를 점차 붙여 나가는 것이다. 일반적으로 '이렇다'라고 하는 것이라도 거기서 사고를 멈추어서는 안 된다. 실정과는 다르다고 생각하면 떼어 낼 필요가 있다.

혹은 한 번 붙은 레테르를 끝까지 파고드는 방법도 있다. 얼마 전

『B형 설명서』라는 책이 베스트셀러가 되었다. 혈액형에 따라 레테르를 붙이는 것은 예전부터 있었던 것으로 그다지 새롭다고 할 수 없다. 게다가 흔히 말하듯이 과학적인 근거도 낮다.

그럼에도 불구하고 책이 팔리는 것은 두 가지 이유가 있다. 하나는 '설명서'라고 규정한 것. 단순히 'B형'의 평가에 그치지 않고 주위 사람과 어떻게 관계를 맺으면 좋은지를 파고들었다. 이것이 많은 '공감'을 불러일으킨 것이다.

또 하나는 'B형'을 아주 진지하게 관찰하고자 한 태도이다. 이미 알고 있는 크게 분류한 레테르가 아니라 보다 세밀하게 파고들어 구체적인 분석을 시도하고 있다. 신빙성은 둘째치고 이것을 '재미있다', '도움이 된다'라고 느끼는 사람은 적지 않다.

레테르가 계기가 되어 새로운 관점을 얻었다고 하면 그 또한 가치 있는 레테르라고 말할 수 있을 것이다.

• 유토리(ゆとり)는 여유라는 뜻으로, 창의성과 자율성을 강조한 유토리 교육을 받은 1987~1999년생 세대를 지칭한다. 치열한 경쟁 사회에 적응하지 못하고 떠도는 세대를 가리키는 말이다.

아웃풋을 전제로 하면
관찰에도 힘이 생긴다

현상학적인 사고를 하기 위해서 효과적인 방법은 보고 들은 것을 아웃풋으로 내는 것이다. 소설가나 예술가의 일이 바로 이것이다.

예를 들어 『꿈을 꾸기 위해서 나는 매일 아침 눈을 뜹니다. – 무라카미 하루키 인터뷰집 1997~2011』 중에서 무라카미는 다음과 같이 말했다.

> 작품 속 등장인물을 만들어낼 때 나는 주위 사람들을 관찰하는 것을 좋아합니다. 나는 그다지 적극적으로 떠드는 편이 아니라 오히려 타인의 이야기를 듣는 것을 좋아합니다. 나는 관찰은 하지만 그 사람이 어떤 사람인지 판단하는 것은 피합니다. 그것보다 그들이 상황을 어떻게 느끼고 있는지, 앞으로 어느 곳에 가려고 하는지에 대해서 생각합니다.

우리도 평소에 많은 것들을 관찰하고 있다. 잠깐 여행이라도 가면 보다 많은 것을 보고 들으려고 한다. 하지만 이미 선입견을 가지고 있으면 새로운 것을 보아도 관찰 시선은 둔해지고 만다. 얼마나 '천연'의 상태로 진지하게 보고 들을 수 있는가에 따라 인풋의 질도, 나아가 아웃풋의 질도 달라지는 것이다.

그리고 또 하나 주의할 점은 머릿속에 '재미있었다'라는 인상만으로 그냥 놔두면 결국 풍화되어 잊히고 만다. 나중에 새로운 정보가 뇌에 인풋되면 완전히 대체되고 말 우려도 있다.

그것을 막기 위해서는 아웃풋이 중요하다. 소설을 쓰라는 것이 아니라 블로그나 SNS에 올리거나 기회를 만들어 사람들에게 이야기 하겠다는 것을 전제로 하면 보다 진지하게 관찰하려고 할 것이며 기억에도 오래 남을 것이다.

한 예로 데츠카 오사무는 어린 시절부터 자주 곤충을 스케치했다고 한다. 그 그림은 지금도 남아 있는데 같은 종류의 곤충을 그려도 한 마리 한 마리 표정이 다르다. 얼마나 관찰에 몰두해 있는지 엿볼 수 있다.

자연계의 곤충은 모두 개체 차이가 있다. 그것을 하나하나 그리면 모두 다른 그림이 되는 것은 당연하다. 그러나 대부분은 그저 개미는 개미, 벌은 벌이라고만 생각한다. 사람에 따라서는 그것을 그냥 뭉뚱그려 '곤충'으로만 보는 경우도 있다. 개체 차이를 느끼지도 않을뿐더러 흥미도 없다. 이 점이 데츠카 오사무와 우리의 결정적인 차이인지도 모른다.

그러면 우리도 데츠카를 본받아 그림을 그려 보면 어떨까? 누군가에게 보여주는 것이 목적이 아니기 때문에 잘 그릴 필요는 없다. 대신 어린 시절을 떠올리며 대상을 잘 관찰하고 그릴 것!

취미가 아니라면 그림을 그릴 일은 거의 없을 테지만 이 일은 꽤 재미있다. 아이들이 열중하는 이유를 새삼스럽게 알 수 있을 것이다. 게다가 집중력도 필요하고, 관찰안觀察眼도 키울 수 있다. 아웃풋 방법으로서도 우수하다. 메모지에라도 대충 그리면 그 자체로 기분 전환이 될 것이다.

동심으로 돌아가라

현상학적인 태도란, 세계에 대해 새롭게 놀라는 것이기도 하다. 그러한 의미에서 우리가 본받아야 할 것은 아이인지도 모른다. 어른이라면 그냥 스쳐지나갔을 것에 아이는 눈을 고정하고 '왜?'라고 어른에게 질문을 퍼붓는다. 그런 감성을 우리는 좀 더 떠올릴 필요가 있다.

그런 자세가 새로운 아이디어를 탄생시기도 한다. 예를 들어 최근 '달팽이 팩'이라는 상품이 유행했다. 글자 그대로 달팽이 엑기스가 함유된 마스크팩이다. 달팽이의 끈적끈적한 감촉이 피부에 밀착하면 약간 징그러운 가면 같아서 기분이 좋을 리가 없을 것 같았다. 그렇게 생각하면서 나도 시험해 보니까 예상 밖으로 느낌이 좋았다. 피부에 뭔가 좋은 성분이 스며들고 피로가 풀리는 듯한 느낌도 받았다. 물론 여성이 피부를 아름답게 하기 위한 제품이지만 남성이 단순히 감촉이나 위로를 얻는 도구로써도 꽤 추천할 만했다.

그런데 문제는 이러한 상품이 어떻게 나오게 되었나 하는 것이다. 달팽이라고 하면 아이들에게는 꽤 흥미로운 대상이지만 어른이 되면 볼 기회가 적다. 어쩌다 본다고 해도 그냥 지나쳐 버리거나 '신기하네', '여전히 징그럽네'라고 생각하는 정도가 아닐까?

그러나 흥미를 가지는 어른이 있다고 해도 이상한 것은 아니다. 어디까지나 나의 추측이지만 그 사람은 달팽이의 느린 움직임을 꼼꼼히 관찰하고, 나뭇가지를 수직으로 올라가는 신체적, 나아가 정신적인 강한 점착에 놀라고, 손바닥에 올렸을 때 끈적이는 흡착력에 이끌려 '팩이 되겠네'라는 발상을 한 것은 아닐까? 그렇다면 달팽이 팩에 담긴 것은 어린아이의 발상과도 같은 것이다.

덧붙여 말하면 달팽이는 번식력이 강하기 때문에 비용적인 면에서도 우수할 것이다. 실제로 어떤 종류의 달팽이를 쓰고, 어떤 공정으로 만들고 있는지는 모르지만 이것도 현상학적인 관찰력을 살린 기술이라고 할 수 있다.

준비, 융통성, 피드백은
사회인의 기본이다

대학입시 채점 업무는 나와 같은 교원이 하도록 되어 있다. 방대한 양이기 때문에 당연히 힘든 작업이다. 그때 중요한 것은 어떻게 효율적으로 분류하느냐이다. 몇 명씩 팀 단위로 채점 업무를 배당하는 것이 통상적이지만 문제의 질이나 팀의 수에 따라 꼭 속도 차이가 생기고 만다. 먼저 끝난 팀은 천천히 점심식사를 하거나 커피를 마시러 갈 여유도 있지만 채점에 난항을 겪는 팀은 식사도 제대로 하지 못한다. 하지만 모든 팀이 채점을 끝내야 작업이 완료된다. 그래서 앞선 팀이 나중 팀을 돕기 시작하면 월등히 스피드가 난다. 나는 후자에 속하는 경우가 많기 때문에 그런 도움을 종종 받아왔다.

단순히 사람 수가 느는 것뿐만 아니라 이른바 '총력전'이라는 자세가 동기를 높이는 것이다. 모든 작업이 종료되고 서로 '건투'를 칭찬하는 순간은 또한 각별하다.

이것은 원래 어느 직장에서도 볼 수 있는 광경이다. 일이 빠른 사람이나 팀이 일이 느린 쪽을 서포트한다. 이른바 백업 시스템이다.

하지만 오늘날의 직업은 개인이 컴퓨터 앞에서 하는 일이 많아 일상회화조차도 적다. 설령 누군가가 늦게까지 야근을 하고 있어도 그것이 어떤 작업인지 모르기 때문에 도울 수도 없다. 그러다 결국 과중한 업무와 고독 속에서 스트레스만 쌓이게 되는 것이다.

그럼 이때 시간 여유가 생긴 사람이 주변 사람에게 '뭔가 도울 일 없어?'라고 말을 걸어 보면 어떨까? 그렇게 하면 '그럼 이거 부탁해'라고 말할지도 모른다. 도움을 받을 수 없는 일이라도 위로를 받는 기분이 들 것이다. 또한 자신에게 여유가 생겼을 때는 '은혜를 갚는' 마음으로 '도와드릴게요'라고 말을 건다. 그것은 1950년대에 이웃 간에 간장이나 된장, 쌀을 빌리러 가는 관계와 비슷하다. 아무리 시대가 변했다고 해도 이러한 직장을 싫어하는 사람은 없을 것이다. 오히려 오늘날에 필요한 모습이 아닐까.

그러므로 취업을 앞두고 있는 학생이나 초보 사회인에게 나는 종종 '사회에서는 준비, 융통성, 피드백을 잊지 마'라는 조언을 하고 있다. 모든 일에 준비가 필요하고, 현장에서는 융통성을 살리는 것이 중요하다. 그리고 결과를 피드백하여 다음 번에 반영할 수 있으면 더욱 성장할 수 있다. 그중에서도 '뭔가 도울 일 있습니까?'라는 '융통성'은 아주 간단한 작업이다. 이것은 시스템 사고를 익히는 출발점이라고도 말할 수 있고, 조직의 일원으로서 인정받기 위해서라도 실천하면 손해 보는 일은 없다.

전체를 내려다보는
버릇을 버려라

조직 전체로 봤을 때 '융통성'을 개인의 성격이나 선의에 전적으로 맡기는 것은 좋지 않다. 일부 사람들의 부담만 커질 우려가 있다. 조직 안에서 습관이나 룰을 만들 필요가 있다.

여기서 중요한 것은 시스템 사고이다. 예전에 2020년 도쿄 올림픽 유치위원회 리더를 맡은 미즈노 마사토(전 미즈노 회장) 씨와 대담을 한 적이 있다. 그때 미즈노 씨가 강조한 것이 백업 시스템의 중요성이었다. 누군가 한 명이 없다고 해서 업무에 지장이 생긴다면 조직이라고 말할 수 없다. 무슨 일이 있어도 서로 도울 수 있는 체제를 정비해 두면 보다 견고한 팀이 된다는 말이다.

결국 우리는 요소의 일부분에 지나지 않는다. 한 개인의 실력도 중요하겠지만 좋은 결과에 이르기까지는 팀으로서의 치밀한 작전이나 무수한 연계 플레이가 중요하다. 거기서 진가가 드러난다.

회사 조직도 마찬가지다. 자기 자신이나 자기 부서 일만 생각하고 있으면 타인이나 타부서와 대립이나 불화가 생기기 쉽다. 그러나 전원이 항상 조직 전체를 보는 습관을 가지면 대립이 있어도 합리적인 결론에 이르기 쉽다. 이것을 '시스템 사고'라고 한다. 학교의 경우도 학생이 뭔가 문제를 일으켰을 때 개인의 인간성에서 원인을 찾고자 하면 해결할 수 없다.

학교생활을 살펴보거나 가정환경, 친구 관계를 알아보는 등 그 학생을 둘러싼 전체를 살필 필요가 있다. 그러면 '이 학생은 인간관계가 부족하다'라든지 '주위 환경이 좋지 않다'라는 것들이 보인다.

역사를 살펴보아도 보다 넓은 시야로 시스템 사고를 할 수 있는 인물이 세상을 움직여왔다. 번藩에서 나라 전체를 손에 넣은 인물이 요시다 쇼인*이고, 막부보다는 장래의 일본을 내다본 것이 가츠 가이슈**였다. 시야를 넓혀 전체를 바라볼 수 있으면 뭐가 중요한지 보일 것이다.

• 요시다 쇼인(吉田松陰, 1830~1859)은 에도 시대의 사상가이자 교육자로 메이지유신의 정신적 지도자로 불린다.
•• 가츠 가이슈(勝海舟, 1823~1899)는 메이지 정부의 고위 관료로 일본 해군을 근대화시키고 해안방어체제를 발전시켰으며 천황파의 에도 입성에 큰 공을 세웠다.

시스템을
도식화해 보자

시스템 사고에 대해 쓴 베스트셀러『학습하는 조직』이라는 책이 있다. 이 책에서 지적하는 포인트의 하나는 시스템을 도식화하는 것이다.

어떤 문제가 생겨도 그것이 영향을 미치는 것을 줄줄이 적어 내려가면 최종적으로는 최초의 문제로 돌아간다. 거기서 하나의 순환이 생기게 된다. 이처럼 원인과 결과의 순환을 명확히 하는 것이 이 책에서 말하는 시스템 사고의 기본적인 사고법이다.

구체적으로는 일단 문제 요소를 한 단어로 쓰고, 동그라미를 그린다. 화살표를 그어 문제가 일으키는 영향을 적어 나간다. 처음에는 흐릿해서 정확한 원인과 결과가 보이지 않아도 써 가는 도중에 전체의 모습이 정리되면 된다.

이 작업은 1명보다 3~4명이 팀으로 하는 편이 좋다. 조직의 문제는 아니지만 예를 들어『카라마조프의 형제』의 전체상을 도식화하는 과제를 받았다고 하자. 이 책을 이미 읽었다면 혼자라도 가능하겠지만 꽤 힘들 것이다. 그러나 3~4명이 화이트보드를 놓고 적으며 서로 생각을 모으면 보다 우수한 그림이 될 가능성이 있다. 게다가 무엇보다 그 공간은 상당히 분위기가 들썩거릴 것이다. 이것이 팀의 강점이기도 하다.

그렇기 때문에 조직 내에서 문제가 발생하면 일단 도식화를 시도해 보는 것이 좋다. 당사자만 고민하게 두지 않고 가능한 한 여러 명이 함께 할 것, 그리고 화이트보드를 준비해서 적절한 단어를 넣어갈 것, 조목조목 쓰는 것이 아니라 동그라미로 모으거나 화살표로 잇거나 유기적인 그림으로 정리해 나가는 것이 포인트이다.

처음에는 막막하겠지만 이 작업 자체가 뇌를 활성화시킨다. 시행착오를 겪으면서 한 장의 그림으로 정리하면 문제의 전체상을 명확히 할 수 있고 서로 공유할 수도 있다.

'답'은
관계성 속에 있다

시스템 사고란 바꾸어 말하면 '게슈탈트(형태)'로 현상을 보는 것이다. 요소가 아니라 관계에 주목하는 것이다. 예를 들어 하나의 음계나 음색이 음악이 되는 건 아니다. 그것이 여러 집합과 연결을 통해 멜로디가 만들어져 곡이 된다. 즉 멜로디를 듣는 자체가 제각각인 음이 아니라 전체로서 파악하는 것이다. 그 증거가 전조이다. 노래방에서 자주 쓰는 기능인데 키를 아무리 올리거나 내려도 같은 곡으로 들린다. 각각의 음 자체는 변해도 멜로디는 바뀌지 않기 때문이다.

정신 질환자 치료법의 하나로 '가족치료'라는 것이 있다. 환자 본인을 치료하는 것뿐만 아니라 가족 관계나 부부 관계에서 원인을 찾고, 그 관계를 바꾸어 개선시키고자 하는 것이다.

그 경우 본인뿐만 아니라 부부나 가족이 함께 카운슬링을 받아야 한다. 예를 들어 자녀가 노이로제 증세가 있을 때 그 어머니에게 '평소에 아이에게 어떤 식으로 말을 하나요?'라고 물으면 대답 중에 힌트가 있다. 어머니가 아무 생각 없이 쓰는 말로 인해 아이가 과도하게 부담감을 느끼거나 학교를 싫어하게 되는 경우다.

이유를 알게 되면 어머니가 자녀에게 건네는 말투를 바꾸어 문제가 개선될지도 모른다. 실제로 그러한 예는 많다.

이 사고법을 항상 의식하면 다른 사람보다 넓은 시야로 세상을 볼 수 있게 된다. 내가 대학에 들어갔을 때 이러한 관계주위적인 관점으로 세계를 파악해야 한다는 사고방식이 모든 학문 분야에 유행하고 있었다.

특히 철학 분야에서는 유명한 히로마츠 와타루 선생님이 선구자이다. 그의 저서 『사물, 사실, 언어』를 읽고 나도 큰 영향을 받았다. 평소 나는 '사물'에 눈길을 잘 빼앗기는 타입이었는데 현상의 '사실'에도 주의를 기울이게 된 것이다. 그것은 이른바 '사물'에 둘러싸여 있는 세계를 '사실'로 녹여가는 작업이기도 하다.

예를 들어 시계란 본래 '시간이 움직이는 것'을 '사물'로 보는 존재이다. 정확성만 따진다면 전자시계와 견줄 수 있는 것은 없다. 그렇다고 전자시계가 굉장히 비쌀까? 그렇지도 않다. 고급 브랜드 상품이나 앤틱 오토매틱이 더 비싸다. 당연하겠지만 자신을 꾸미기 위한 액세서리, 혹은 취미로 골동품을 갖고 싶은 사람이 있기 때문이다.

손목시계라는 '사물'의 가치 자체도 쓰이는 문맥의 '사실'에 의해 전혀 달라진다. 물론 손목시계에 한정되는 이야기가 아니다. '아이덴티티' 개념을 탄생시킨 발달 심리학자 E. H 에릭손은 '상호성

Mutuality' 개념도 제창하고 있다. 사람이 부모로 성장하는 것은 아이가 성장하기 때문이고, 양쪽의 관계는 상호적이다. 부부의 경우에도 상대가 있기 때문에 남편과 아내라는 관계가 성립된다. 즉 인간의 성장 자체가 상호적이고 상대와의 관계성으로 바뀌어 간다는 것이다. 이러한 사고방식에 대해 덧붙여 말하면 세상의 모든 것에서 상호성이 보인다. 그러므로 적어도 '단일 개체로 사물을 보는 것을 그만두자'는 생각이 들 것이다.

눈앞에 있는 사람이 화가 나 있다고 해도 그것은 태생적으로 화가 날 숙명을 지고 있는 것이 아니다. 환경이나 가족 관계, 부당한 대우와의 상호적인 관계에서 화가 난 것이다. 그렇게 생각하면 단순히 '군자는 위험한 곳에 가까이 가지 않는다'고는 생각하지 않게 될 것이다.

실천하지 않으면
의미가 없다

예전에 한 토크쇼에 게스트로 초대된 적이 있다. 취업을 앞둔 학생
100여 명이 대상이기도 해서 화제는 사회인으로서의 커뮤니케이션
방식으로 이어졌다.

거기서 내가 말한 것은 '상대의 이야기를 진심으로 들을 때는 몸
을 상대 쪽으로 돌려라'는 것이었다. 그렇게 하면 자신도 듣는 자세
가 되고 상대방도 진지하게 말하게 된다. 이것은 말투나 배려에 관
한 어려운 이야기가 아니다. 누구라도 바로 쓸 수 있는 커뮤니케이
션 방법이다. 학생들도 귀 기울이며 열심히 메모를 했다.

문제는 강의가 끝나고 질의응답 시간에 나타났다. 뒤쪽에 앉아
있던 한 학생이 손을 들고 질문을 하러 일어섰지만 누구 하나 그 학
생 쪽으로 몸을 돌린 사람은 없었다. 나는 학생의 질문에 대답한 후
에 모두에게 이렇게 말했다.

"오늘 이야기 중에 '몸을 이야기하는 사람에게 돌려라'고 말했지
요? 그런데 지금 아무도 그렇게 하지 않네요. 지금 안 되는 일이 반

년 뒤에 갑자기 생각나서 할 리가 없겠지요? 그러니까 내가 한 말은 여러분에게 흡수된 순간 의미를 잃은 것이겠지요."

다소 뼈가 있는 말이었지만 앞으로 사회에 나가려고 하는 학생들이기 때문에 이런 점에 대해서는 예민하게 받아들였으면 했다. 이야기를 듣고 이해한 것을 바로 실행에 옮기는 것이 원칙이다. 아무리 진심으로 듣고, 노트에 잘 정리해도 그것만으로는 가치를 갖지 않는다. 내가 이 에피소드를 예로 든 이유는 이번 장에서 내가 말하고자 하는 것과 같기 때문이다. 앞에서 몇 가지 사고법을 소개했지만 이것을 지식으로 이해하는 것만으로는 의미가 없다. 실제로 쓸 수 있느냐 없느냐, 항상 실천할 수 있느냐가 중요하다.

여기서 소개한 모든 것을 마스터할 필요는 없다. 이중 하나라도 자신에게 맞는 것을 골라 그것을 철저하게 몸에 익히는 것이다. '무기' 카탈로그를 쳐다보고만 있을 것이 아니라 그중 하나를 골라 손에 익게 한다. 즉 '사고의 무기'를 갈고닦으라는 것이다.

실제로 이것은 스포츠나 무도의 필승법 중 하나이기도 하다. 여러 기술을 알고 있는 것보다 필사의 기술 하나만 익히는 쪽이 더 강하다. 특히 결정적인 순간에 이 차이는 여실히 드러난다.

행동 습관을 바꾸다

말의 힘과 발상력을 단련하자

대화에서 중요한 것은
어휘력이다

얼마 전 나의 저서 『잡담이 능력이다』가 베스트셀러에 올랐다. 저
자로서는 너무도 기쁜 일이지만 세상에 이처럼 잡담에 대해 고민하
는 사람도 있나 하고 놀란 적이 있다.

　화제가 정해져 있는 비즈니스 회의와는 달리 확실히 잡담은 힘든
부분이 있다. 게다가 별 뜻 없는 대화 중에 간간히 인간성이 보이거
나 상대의 지성이나 능력을 알게 될 때도 있다. 잡담이라 해도 누구
나 가능한 한 좋은 인상을 주고 싶어 할 것이다.

　여기서도 중요한 것이 '나만의 생각'이 있냐 없냐이다. 어느 정도
의 지식이 없으면 화제를 제공하는 것조차 불가능하다. 그러나 신
문기사를 그저 읽는 것만으로는 대화가 성립하지 않는다. 기사를
화제로 삼는 것은 좋지만 거기에 자기 나름의 견해나 시점을 더해야
잡담이 된다.

　이 대화력에 관해서는 나중에 이야기하기로 하고 그보다 중요한
것이 어휘력이다. 단어를 풍부하게 알고 있지 않으면 자신의 의견

을 자세히 표현하는 것이 불가능하다. 반대로 대화 중에 지적인 단어를 쓰면 '이 사람은 머리가 좋네'라는 인상을 줄 수 있다.

인기 있는 영화 배우 단미츠의 경우 그저 외모만 섹시한 사람이 아니다. 종종 내뱉는 코멘트가 꽤 지적이고 깊이 있는 경우가 있다. 얼마 전에도 어쩌다 텔레비전을 보는데 '이거 좀 변증법적이네요'라는 답변을 해서 놀란 기억이 있다. 요즘 '변증법'이라는 단어를 일상에서 듣는 경우는 거의 없다. 그 의미조차 모르는 학생이 많을지도 모른다. 이런 단어를 거리낌 없이 쓸 수 있는 것이 단미츠의 매력 중 하나이다.

한 마디 덧붙이자면 말 센스가 좋은 출연자는 방송국에서도 환영받는다. 최근 버라이어티 프로그램은 자막을 넣는 것이 일반적이지만 출연자의 말을 하나하나 다 쓴다고 좋은 것은 아니다. 센스 있는 단어나, 프로그램의 분위기를 살리는 문장을 골라서 자막으로 쓰고 있다. '재미있다', '기쁘다', '즐겁다'라는 단순한 멘트만 하는 출연자는 쓰기 힘들다. 그렇기 때문에 멘트가 좋은 사람에 대한 기대가 큰 것이다.

텔레비전, 라디오에서
말의 센스를 갈고닦자

어휘는 어떻게 늘릴 수 있을까? 사실 이것은 자주 잡담을 하면서 얻는 게 가장 쉽다. 불완전한 상태로 아웃풋해 보면서 자신의 것으로 만드는 것이다.

일단 평소 회화에서 지적인 키워드를 의식해 보면 어떨까? 화제 자체가 수준이 높을 필요는 없다. 어떤 테마로 이야기해도 몇몇 키워드를 대괄호로 묶은 듯한 이미지를 갖는 것이 중요하다.

예를 들어 애완견의 이야기를 하고 있을 때 단순히 '귀엽다'라고 반복하기만 하면 지적인 대화라고 할 수 없다. 귀여운 것은 사실이지만 그것을 어떻게 표현할 것인가가 문제이다. 그렇게 생각하면 무수한 단어의 존재를 깨닫게 된다.

그것을 단련하기 위해서 중요한 것이 역시 텔레비전 프로그램이다. 버라이어티 프로그램의 경우, 방송 시간의 2배 정도를 녹화하고 편집하는 것이 통상적이다. 방송되는 것은 이른바 경쟁에서 살아남은 고르고 고른 장면이다. 그렇다면 방송에서 나오는 말에는 그 나름의 의미가 있다고 할 수 있다.

이때 어떤 코멘트가 선택받냐 하면 여기에는 크게 두 가지 요소가 있다. 하나는 문맥상의 흐름에 맞는 것, 다른 하나는 시청자가 감동, 공감하거나 혹은 깨달음이 있는 것이다. 이중 한쪽, 또는 양쪽 모두 잘하지 못하는 출연자는 마치 한 마디도 하지 않은 것처럼 편집되고 다음에는 부르지 않는 경향이 있다.

이러한 관점으로 텔레비전을 보면 단어 센스도 훈련이 되지 않을까? 멍하니 보고만 있으면 깨닫지 못하지만 텔레비전도 활용하기 나름이다.

라디오도 추천한다. 텔레비전과 달리 이야기 내용도 말하는 사람도 일상회화에 가깝다. 공공적이면서 개인적인 분위기를 가지는 아주 드문 매체이다. 잠깐 듣고 있는 것만으로도 언어 센스가 좋아지는 듯한 기분이 든다.

물론 이것은 우연이 아니다. 원래 라디오의 성격은 말로만 승부를 하는 것이다. 무기가 되는 것은 언어 센스뿐! 앞에서 말했듯이 텔레비전 버라이어티 프로그램처럼 경쟁에서 살아남은 사람만 라디오 프로그램을 진행하고 있는 것이다. 그러므로 그들의 언술을 참고할 필요가 있다.

예를 들어 TBS의 라디오 프로그램 중 가끔 듣고 있으면 사연을 보낸 시청자의 날카로운 언어 센스에 놀랄 때가 있다.

라디오를 듣는다는 것은 약간 과장해서 말하자면 단어 센스의 세례를 받는 것이기도 하다. 친구끼리의 대화라면 있을 수 없는 높은 수준의 대화가 라디오에 있다.

즉 라디오를 계속 듣는 것만으로 지적인 단어를 배우는 기회가 된다. 그것은 독서 체험에 가깝다. 실제로 예전에 이쿠시마 히로시 아나운서가 '책이 가장 잘 팔리는 것은 라디오에서 소개되었을 때'라고 말한 적이 있다. 확실히 라디오를 듣는 층도 책을 사는 층과 유사할지 모른다. 게다가 단어만을 흡수해 이미지를 떠올린다는 점에서도 비슷하다. 모두 머릿속에서 영상을 만든다는 의미에서 꽤 지적인 작업이라고 할 수 있다.

자신이 들은 이야기를
상대에게 말해 보자

어느 정도 의식적으로 텔레비전을 보거나 라디오를 들어도 그것만으로 어휘력이 높아진다고 보장할 수 없다. 중요한 것은 스스로 과제를 내서 체크해 보는 것이다.

예를 들어 귀에 익숙한 라디오 프로그램이 있다면 거기에 투고해 보면 좋다. 과거에는 엽서로 써야 했지만 지금은 컴퓨터나 휴대 전화 메시지로 간단히 보낼 수 있다. 그러니 가벼운 마음으로 도전해 보자. 바로 채택이 되지 않을지도 모른다. 어떻게 하면 채택되는지 프로그램에 대한 공부도 필요하다. 이야기의 전개도 고민하고, 센스 있는 코멘트나 반전도 준비하고 싶어질 것이다. 적어도 유치한 문장이라는 평가를 받고 싶지는 않기 때문에 단어 사용에도 신경을 쓴다. 이러한 작업 자체가 자신의 어휘력이나 지성을 닦는 기회가된다.

투고까지는 아니더라도 라디오에서 들었던 이야기를 주위 사람들에게 말하는 방법도 있다. 이때 녹음한 것을 재생하듯 이야기하지 않고 자기 나름대로 소화·재구성해서 전하는 것이 중요하다.

상대가 웃거나 '진짜?'라고 말한다면 성공이다! '무슨 말인지 모르겠다', '뭐가 재미있어?'라고 되묻거나 그냥 웃고 넘어가면 실패다. 누구에게 어떤 이야기를 할까 하는 것도 포함해서 거기에는 '나만의 생각'이 반영된다. 어휘력이나 지식을 쌓은 뒤라면 이것은 더없이 좋은 훈련이 될 것이다.

반대로 말하면 이러한 작업을 전제로 하면 라디오의 청취 모습도 달라질 것이다. 투고한 글이 채택되게 하기 위해서는 '경향과 대책'을 생각해야 한다. 라디오 내용을 다른 사람에게 전하고자 한다면 듣자마자 자신의 단어로 바꾸어 보거나 세세한 것을 흘려듣지 않는 등의 노력이 필요하다. 그러면 더욱더 라디오의 언어 센스에 민감해질 것이다.

라디오라고 하면 요즘은 인터넷에 다소 밀려난 이미지가 있다. 하지만 라디오는 사실 풍부한 언어의 바다이다. 그런 이미지를 가지고 새롭게 들어 보기를 권한다.

이야기 중에 끼어드는
작은 비법을 준비하자

이전에 나는 도쿄대학원 교수 사이토 요시후미 선생님과 공저로
『일본어력과 영어력』이라는 책을 썼다. 사이토 선생님에 따르면 일
본인이 영어로 지적인 회화에 끼어드는 것은 매우 장벽이 높다고 했
다. 흐름에 자연스럽게 끼어들 수 있는 센스 있는 소재가 없기 때문
이다. 그렇다고 해서 가만히 있으면 '나만의 생각'이 없는 것처럼 보
이고 만다. 결국 대화 밖에서 겉돌게 된다.

선생님은 그때 발상을 전환해서 미리 몇 가지 소재를 준비해 대
화 속으로 끼어들라고 말한다. 잠시 대화가 끊어졌을 때를 노려,
"그런데 말이야, 이런 이야기가 있어"라며 자연스럽게 화제를 전환
하는 것도 가능하다.

소재의 질이 높으면 주변 사람들에게도 인정받고, 모임에 참가하
는 의미도 생긴다. 이후에는 듣기만 해도 괜찮다. '너는 아까 할 일
을 다했다'라는 인상 때문인 듯하다. 이 방법을 쓴 뒤부터 대화에 참
여하는 것도 조금 마음이 편해졌다고 한다.

이것은 영어에 국한된 이야기가 아니다. 일본인끼리 대화하는 중에도 가벼운 이야깃거리가 있으면 '센스 있네'라고 생각하기 쉽다. 텔레비전, 라디오를 통해 알게 된 이야기라도 좋고, 신문이나 잡지도 소재의 보물창고이다. 하지만 처음부터 소재를 찾으려고 미디어에 접하면 흡수력이 떨어진다.

그래서 또 하나 중요한 것이 사람들 앞에서 말하는 훈련이다. 나는 대학 수업에서 이것을 실천하고 있다. 4명이 한 팀이 되어 1인당 30초씩 짧은 이야기를 하는 훈련이다. 몇 주 정도 지속하면 점점 소재가 바닥나고 질도 떨어진다. 그때 창피를 당하지 않기 위해서는 보다 많은 정보를 접해야 하고 재미있게 말할 수 있도록 깊이 알아두어야 한다.

사실 이 프로세스 자체가 '나만의 생각'을 정리하는 데 도움이 된다. 한두 가지 소재라면 어쩌다 알게 된 것들을 기억해 두면 된다. 그러나 많은 소재가 필요하면 자신이 '재미있다'고 느끼는 이야기를 적극적으로 찾지 않으면 안 된다. 이것이 어느 정도 모이면 거기에 경향이 나타난다. 즉 '나만의 생각'이 진하게 반영되는 것이다. 그것을 근거로 하면 소재를 찾는 후각도 발달하고, 다른 사람에게도 자신있게 이야기할 수 있게 될 것이다.

기본적으로 우리는 잡담을 좋아한다. 예를 들어 초등학교나 중학교에서도 수업을 시작하기 전에 짧은 이야기를 하는 선생님은 인기가 높다. 사회에서도 마찬가지이다. 회의나 상담 전에 잠시 잡담을 해서 분위기를 편안하게 만든다. 이때 자신의 의견이나 경험에서 벗어나 "네에?"나 "오호"라는 반응이 나오는 이야기를 고른다. 그런 사람은 분명히 주위에서 '잘되는 사람'이라고 생각할 것이 틀림없다.

'액자 구조' 개념으로
세상을 보자

나는 그림을 볼 때 액자에 주목할 때가 있다. 액자를 바꾸는 것만으로 그림이 좋아지거나 나빠지는 경우가 가끔 있기 때문이다.

액자란 현실세계와 그림을 구분하는 것이다. 그 구분법에 의해 애써 그린 그림이 하찮아 보이기도 한다. 예를 들어 모나리자의 경우, 만약 액자에서 떼어 내 그림만 전시하면 그렇게까지 빛나 보이지 않을지도 모른다. 그래서 우수한 화상畵商이나 미술관의 학예원學芸員은 그림을 더욱 돋보이게 하는 액자를 찾는다고 한다.

이것은 다른 분야에서도 통용된다. 한 대상을 빛나게 하고자 할 때 그 자체가 아니라 액자를 이용하는 것을 고민한다. 뭔가 빛나는 대상이 있으면 그 주변에는 액자처럼 주인공을 돋보이게 해 주는 존재가 있다. 즉 '액자 구조'라는 개념으로 생각해볼 수 있다.

예를 들어 AKB48, SKE48, HKT48이라는 아이돌 그룹에서도 그룹이라는 테두리 자체가 액자라고 말할 수 있다. 스타가 될 만한 자질이 없는 여자아이라도 테두리 안에 있으면 빛날 수 있다. 내부에서도 분명 경쟁이 있겠지만 이미 현실 세계와 분리되어 있어 더욱 빛나 보이는 것이다.

더욱 알기 쉬운 예를 들면 잡지나 팸플릿의 테두리 기사도 '액자 구조'이다. 테두리로 둘러싸 눈에 띄게 하면 다른 기사와 차별화시킬 수 있다. 독자는 다른 기사는 안 읽어도 테두리가 쳐진 기사만은 읽어야 한다는 기분이 들기 쉽다. 내용과 상관없이 기사가 빛나기 때문이다. 그렇게 생각하면 다양한 분야에서 응용할 수 있지 않을까? 시험 삼아 앞으로 일주일 동안 '액자 구조'를 염두에 두고 세상을 관찰해 보기 바란다. 가정이나 직장에서, 혹은 텔레비전이나 인터넷 정보도 좋다. 다소 억지로 갖다 붙여도 괜찮다. '이것은 액자 구조다'라고 생각되는 것을 찾아보라.

그러다 보면 지금까지 당연하게 지나쳤던 것들이 갑자기 빛나 보일지도 모른다. 즉 새로운 시점을 얻게 되는 것이다. 이것이 '개념'을 가진다는 것의 강점이기도 하다.

'생각한다'는 것은
'개념'을 잘 사용하는 것

개념이 효과적인 것은 '액자 구조'뿐만이 아니다. 무엇이라도 개념이 될 수 있고, 그 관점으로 세상을 보면 많은 발견을 할 수 있다.

예를 들어 학교에서 자주 쓰는 말 중에 '커리큘럼'이 있다. '1년간 이런 수업을 한다'라는 계획표 또는 순서를 말한다. 커리큘럼의 관점으로 세상을 둘러보면 적용할 수 있는 것이 꽤 많다는 것을 알 수 있다. 아르바이트를 할 때 익혀야 하는 매뉴얼과도 비슷하고, 기업의 연간 계획서와도 비슷하다. 텔레비전 편성표도, 편성하는 쪽에서 보자면 커리큘럼을 짜는 것과 닮았다.

마치 뇌 체조 같은 것이지만 그게 다가 아니다. 일상적으로 개념을 찾고 적용해 보는 시점을 가지면 '개념을 유연하게 쓸 수 있는' 습관이 생긴다. 그것이야말로 '생각한다'는 것임에 틀림없다.

유명 디자이너 사토 가시와 씨와 대담을 했을 때도 역시 사고에는 개념을 빼놓을 수 없다는 점에서 의견이 일치했다. 디자인 세계에서도 미묘한 색 사용이나 질감으로 전체 인상이 크게 달라진다고 한다. 그것을 '톤&매너', 줄여서 '톤매너'라고 부른다. 사토 씨에 따르면 '마지막 톤매너가 중요'하다고 한다. 그것도 일종의 개념이라고 할 수 있다.

어느 정도 마무리가 되면 세부적인 것은 '대체로 이런 느낌이 좋은' 정도로 끝내도 누구도 불평하지 않을지도 모른다. 그러나 거기서 손을 떼느냐 아니냐가 아마추어와 프로의 차이다. 프로는 '톤매너'를 개념화하여 기술로서 익혔기 때문에 마지막까지 물고 늘어지는 것을 당연하게 생각하는 것이다.

또한 그는 '시즐감'을 중요시 하는 것이 좌우명이라고 한다. '시즐감'이란 예를 들어 맥주에 살얼음이 얼어 있는 상태라든지, 벌컥벌컥 마시고 있는 모습이라든지, 즉 가장 맛있어 보이는 순간을 가리킨다. 묘한 단어인데, 원래는 스테이크를 굽고 있을 때 지글지글 나는 소리를 '시즐'이라고 했다. 그런 감각을 디자인에서도 중요시하고 있는 것이다.

이 개념은 우리도 알아둘 필요가 있다. 예를 들어 한 장의 사진이 만약 증명사진이라면 시즐감은 제로에 가깝다. 그러나 자신이 가장 빛나던 순간의 사진이라면 시즐감을 풍기고 있을 것이다. 그런 사진을 이력서에 붙인다면 채용하는 쪽의 인상도 크게 달라질 것임에 틀림없다.

반대로 그러한 사진을 준비할 때는 자신이 무엇을 하고 있는 순간에 가장 빛나는지를 알 필요가 있다. 그럼 나를 빛나게 하는 것을 찾고 싶어질 것이고, 그것을 염두에 두고 하루하루 살아간다면 의식은 전혀 달라질 것이다.

촬영을 할 때도 피사체의 시즐감에 주목할 수 있다. 지금은 휴대전화로 간단히 사진을 찍을 수 있지만 단순히 기록을 남기는 것만으로는 재미없다. 사람이든, 배경이든, 요리든 빛이나 각도를 생각하면서 찍는다. 그런 습관을 들이면 사고 훈련도 되고, 말 그대로 세상을 보는 법도 바뀔 것이다.

그러한 발상을 조금 더 확장하면 '팀 멤버의 시즐감을 어떻게 살릴까?'라는 리더십 관점으로도 이어진다. '평소에는 더 밝은데 좀 차분하다'라든지 '다른 일을 하고 싶어 한다'라는 것에 신경쓰는 리더가 되면 인망이 두터워질 것이 틀림없다.

게다가 '배려심이 있는 리더를 목표로 하는' 것은 추상적이지만 '시즐감이라는 개념을 통해서 관찰한다'면 머릿속으로 떠올리기 쉽지 않을까?

'개념'에서 아이디어를
낚아 올리자

'개념'이라고 하면 조금은 멀게 느낄지도 모르지만 어렵게 생각할
필요는 없다. 극단적으로 말해 어떤 단어도 개념이 되기 때문이다.

예를 들어 앞에서 나온 하부 요시하루의 저서 제목이기도 한 '버
리는 힘'이라는 관점으로 세상을 보면 그 말에 들어맞는 예가 꽤 많
다는 것을 알 수 있다. 소니의 워크맨은 녹음기능을 버리고 재생기
능을 특화해 음악을 들고 다니면서 즐길 수 있게 했다. 마치 그 의
도를 이어받은 것처럼 스티브 잡스는 철저하게 '심플'한 것에 주목
했다. 또한 불교에서 말하는 '해탈'도 번뇌를 버리는 것으로 얻을 수
있는 경지이다.

또 하부가 활약하는 장기 세계에서는 대국을 끝낸 뒤 그대로 감
상전을 행하곤 한다. 승패는 뒤로하고 양쪽이 검토회나 반성회처럼
일국을 반복하는 것이다. 우쭐해하거나 낙담하지 않고 서로를 향상
시키는 마치 무도와 같은 여유 있는 정신성을 느낄 수 있다.

여기에서 '전쟁을 평화적으로 끝낼 수 있는 법'이라는 개념을 끌

어낸다고 하면 부부싸움부터 민족분쟁까지 한 가닥의 희망을 발견하게 될지도 모른다.

　나아가 중요한 것은 이러한 개념을 자신의 기억과 연결해서 아이디어를 끌어내는 것이다. 자신이 하고 있는 일이나 상품에서 무언가 '버리는 것'은 불가능한지를 생각해 보면 인간관계의 문제를 버리는 것을 통해 평화적인 해결 방법을 찾을 수 있다.

　아이디어를 0에서 생각하는 것은 상당히 힘들다. 그러나 개념에서 끌어내는 것은 비교적 쉽다. 원래 창의적인 사고는 자신의 기억에서 탄생하는 경우가 많기 때문이다.

　이것은 후크 사고 또는 낚싯바늘 사고라고 바꾸어 말할 수도 있다. 무언가를 끌어올리는 도구를 가지고 지금까지 놓친 것을 낚아올리는 것이다. 경우에 따라서는 사냥감이 줄줄이 달려 올라올지도 모른다. 이것이야말로 가장 효율적인 사고법이 아닐까?

무리한 요구가 없으면
머리는 움직이지 않는다

'IPPON 그랑프리'라는 방송 프로그램이 있다. 굉장히 인기 있는 프로그램인데 그것을 보고 있으면 때로 나도 모르게 박수를 치게 하는 대답을 만날 때가 있다.

예를 들어 카드의 그림과 앞글자만 보고 문장을 만드는 문제가 있다. 당시 등장한 것은 구슬치기를 하면서 놀고 있는 5명의 아이들 중 한 명이 무슨 이유인지 벌거벗고 있고 앞글자는 '네'가 나온다.

많은 코미디언들이 이런저런 답을 말하던 중 가장 감명을 받았던 것이 마타요시 나오키가 말한 "네 사람에게는 보이지 않는다"였다. 다소 오컬트적이지만 스튜디오를 일순간 조용하게 만드는 힘도 있고, 깊이도 있다. 정말 천재적인 대답이지 않은가.

나중에 나는 우연히 한 프로그램에서 마타요시를 만났을 때 "그때 그 말은 정말 대단했어요"라고 새삼스럽게 칭찬했다. 마타요시에 따르면 그 프로그램에서는 상당히 긴장한다고 했다. 일방적인 문제, 짧은 시간, 게다가 재미 요소도 더한 답을 내놓지 않으면 안 되기 때문에 당연한 일일 것이다.

그러나 시선을 바꾸어 보면 그런 가혹한 압박이 있기 때문에 뇌가 풀가동해서 훌륭한 아이디어가 나온다고도 말할 수 있다. 그것은 예능 세계에 한정된 이야기가 아니다. 모든 분야에서 통용되는 강력한 뇌 활성화 방법이다.

평소에 우리는 생각하고 있는 것처럼 보이지만 멍하게 있을 때가 자주 있다. 그러나 무리한 과제를 받으면 생각하지 않을 수 없다. 이것이 교육의 기본이라고 나는 생각한다. 즉 '어떻게 학생들에게 지능적으로 무리한 요구를 할까'가 학교 선생님의 역할인 것이다.

실제로 나는 수업 중 무리한 요구를 할 때가 종종 있다. '신서 1권을 5분만에 읽자', '모든 사람이 지금 당장 5초씩 말을 해 보자', '3초 이상 말이 끊기면 안 된다' 등은 다반사이다. 게다가 '정답'을 말하라는 게 아니라 10명이 있으면 10가지 다른 답이 나오도록 질문하는 방식을 취한다.

처음에는 동요하던 학생들도 내가 집요하게 요구하는 것에 익숙해지면 반대로 더욱 강한 '자극'을 원한다. 원래 적절한 긴장감 속에서 머리를 풀가동하는 것은 쾌감이 있다. 학생들은 그것을 알게 된 것이다.

이러한 감각은 일에서도 중요하다. 히트하는 상품이나 서비스는 대체로 무리한 기획에서 탄생하는 것이 아닐까? 예를 들어 스즈키의 대표 차종인 아르토는 1978년 개발 당시 겨우 47만 엔이라는 가격을 매겨 화제를 불러일으켰다. 이것은 막 취임한 스즈키 오사무 사장이 "한 부품당 1그램 경량화, 1엔 비용 절감"이라는 방침을 철저하게 지킨 결과라고 한다.

어떤 의미에서 일을 할 때도 만화 캐릭터인 '도라에몽'과 같은 발상이 필요할지도 모른다. '이거 좋은데 ⋯⋯'라는 무리한 생각에서 출발하는 것이 신선한 아이디어를 탄생시키는 것은 아닐까?

'인류를 달로 보낸다'는 생각이
과학기술을 도약시켰다

무리한 요구는 조직의 리더에게 불가결한 조건이라고 할 수 있다. 일부러 어려운 과제를 내면 전원이 논의를 계속하게 된다.

그것은 아이디어가 나오는 공간이 되어 필연적으로 사고가 활성화된다. 조직을 성장시키고 팀워크 향상에도 도움이 된다.

전형적인 예가 미국 존 F 케네디 대통령에 의한 '아폴로 계획'이다. 1950년대 말 당시 소련은 인류 최초의 인공위성 스푸트니크 1호를 쏘아 올리는 것에 성공하여 미국보다 우주 개발이 빨리 진행되었다는 점을 세계에 각인시켰다. 미국은 위신과 자신을 잃고 초등 교육법까지 재검토하게 되었다. 그것을 '스푸트니크 쇼크'라고 부른다.

이후 1961년 소련은 가가린을 태운 보스토크 1호로 인류 최초 유인 우주비행에 성공했다. 그로부터 1개월 반이 지나 케네디 대통령은 의회에서 "앞으로 10년 이내에 인간을 달에 착륙시키겠다"고 선언했다.

이 엄청난 요구는 다른 예를 찾기 힘들다. 당시는 라이트 형제가 유인비행에 성공한 1903년에서 60년 정도 지났을 때였다. 우주로의 유인비행도 미국으로서는 겨우 탄도비행(우주공간에서 잠시 체재하고 지상으로 복귀)에 성공한 단계였다.

인류의 바람과 미국이라는 나라의 위신 부활을 건 높은 목표를 설정한 것이다. 대통령의 선언이기 때문에 물론 실패는 용납되지 않는다. 이 계획에는 막대한 예산과 예지叡智가 필요했다.

이미 알고 있듯이 이러한 무리한 요구는 1967년 아폴로 11호가 달성했다. 미국이라는 나라의 저력을 세계에 보여준 순간이었다. 케네디는 이미 세상을 떠났지만 리더십의 모범을 보여줬다고 말할 수 있다.

덧붙여 말하자면 영화화되기도 한 아폴로 13호의 사고에서 생환에 이르기까지의 전말은 이른바 우주에서의 무리한 생각이었다. 우주공간에서 시스템이 하나둘 다운되던 중 비행사의 상황보고에 따라 지상에 있던 NASA 직원이 총출동해 모든 수단을 검토해 비행사에게 지시를 보낸다.

1분 1초를 다투는, 조금만 실수해도 되돌릴 수 없고 "힘들다"고 단념한 순간에 승부는 끝난다. 비행사는 물론 NASA 직원에게도 극한의 싸움이었던 것이다. 그러나 그러한 극단적인 긴장감이 집중력과 팀의 결속력을 높이고 훌륭한 판단을 내리게 한다. NASA의 관제실에서 나온 생각은 인류사에 남을 정도로 농밀한 것이었다고 해도 과언이 아니다. 그 예지를 아름답다고 느끼는 것은 나뿐일까?

우리의 일상에서 이렇게까지 긴장감을 주는 일은 없을 것이다. 그러한 의미에서는 생각을 힘겨워 할 수도 있다. 그렇기 때문에 리더의 무리한 요구가 의미있다. '위급상황의 초능력', '궁지에 빠진 쥐가 고양이를 무는' 상태에서 멤버를 압박하는 것, 도저히 피할 수 없는 상황을 뛰어넘는 것으로 우리는 자신의 의외의 능력을 깨닫게 될지도 모른다.

'질문'으로
사고의 초점을 묶다

'생각한다'는 것은 머릿속에서만 끝나는 듯한 이미지가 있다. 하지만 그 전제로 빼놓을 수 없는 것이 '듣는' 작업이다. 특히 사회인의 경우 이것은 중요한 프로세스이다.

앞에서 말했듯이 사토 씨도 클라이언트의 의뢰나 의견을 철저하게 듣고, 세세하게 확인하는 것에서 시작한다고 말한다. 심사숙고해서 아이디어를 제시해도 애초부터 방향성이 다르다면 전혀 가치가 없기 때문이다.

게다가 들으면서 힌트를 얻기도 한다. 도넛 형태의 건물로 잘 알려진 도쿄의 다치가와구의 후지유치원을 디자인할 때도 원장 선생님으로부터 "뛰놀 수 있는 유치원이면 좋겠다"라는 요청을 받은 것이 계기였다고 한다.

물론 업무상 의뢰는 누구라도 진지하게 들을 것이다. 그러나 대부분의 경우 어느 정도 들으면 이제 알 것 같은 기분이 들어서 귀를 닫아 버린다. 특히 경험이 풍부한 사람일수록 감으로 자기화해 버리기 쉽다.

그렇게 해서 상대의 기대에 부응한다면 다행이지만 틀리는 경우도 적지 않다. 게다가 자기화한 것을 통과시키려는 것은 결국 같은 일을 반복하는 것이라서 발전이 없기도 하다. 의뢰에 충실히 따라 새로운 도전을 하면 더욱 자극을 받을 수 있고, 일의 폭도 넓어질 것이다.

단, 가만히 듣고 있기만 하면 의뢰하는 쪽의 전체상을 알아채기 힘들다. 그것은 평소 커뮤니케이션에서 보아도 자신의 의도를 정확히 전하기 어렵다는 것으로 알 수 있다.

여기서 중요한 것이 '질문'이다. 다양한 질문을 해 나가며 조금씩 초점을 압축해 나간다. 그 과정에서 깨닫거나 아이디어를 떠올린다. 이 작업 자체가 극히 창조적인 것이다.

'질문력'을 높이기 위해서 중요한 점은 크게 두 가지가 있다. 적극적으로 메모를 하는 것. 그것도 상대의 말뿐만 아니라 자신이 묻고 싶은 것을 수시로 써내려 가는 것이다.

또 하나는 질문을 자주 음미하는 것. 묻고 싶은 것을 몇 개 써 두었다고 해도 그것을 모두 물어서는 안 된다. 어느 것이 구체적이고 나아가 본질적인 질문인지 선택할 필요가 있다. 추상적인 질문은 가치가 없고, 본질에서 동떨어진 질문은 논의 자체를 탈선시켜 버릴 우려가 있다. 어느 쪽이든 시간 낭비다.

실제로 강연회 등에서 맨 마지막에 질의응답 시간을 두면 유감스럽게도 요령부득인 질문을 받는 경우가 많다. 자신의 의견을 길게 늘어놓는 사람도 있고, 강연 내용과 전혀 관계없는 질문을 하는 사람도 있다. "그게 왜 알고 싶냐?"라고 되묻고 싶을 때도 종종 있다.

이러한 장소에서 적극적으로 질문하는 용기는 크게 칭찬받아야 마땅하다. 그러나 질문을 고르는 법을 아는 것도 중요하다.

3~4개의 질문을 준비했다면 그중 하나만 질문한다. 1~2개밖에 없을 때는 질문하는 것을 양보한다. 이런 느낌으로 한다면 결과적으로 질 높은 질문만 남을 것이다. 이것은 강연회뿐만 아니라 평소 회의나 상담 등에서도 효과적이다.

누구나 '카운슬러'를
목표로 해야 하는 시대

'질문력'은 훈련에 의해 갈고닦을 수 있다. 예를 들어 나는 세미나에서 참가자에게 카운슬러 역을 담당하게 한다. 처음 보는 두 사람이 한 조가 되어 한 사람이 상담을 신청하고 다른 한 사람이 그 말을 들으면서 질문을 던지게 하는 것이다.

주로 이야기를 하는 것은 상담자이지만 '주인공'은 카운슬러 쪽이다. 구체적인 해결책까지 내놓지 않더라도 질문을 해서 상담자의 고민을 이끌어내고, 문제를 정리할 수 있으면 합격이다. 대부분의 고민은 정리된 시점에서 거의 해결책이 보이기 때문이다

이렇게 하면 처음 만난 사이라도 두 사람의 거리는 급속도로 가까워진다. 일상의 커뮤니케이션보다 상담이 속마음을 건드려 서로가 자신의 일처럼 생각하기 때문이다. 게다가 결론이 나는 것 같으면 성취감이나 전우의식도 싹튼다. 서로 머리를 풀가동해서 아이디어를 내는 것이야말로 '전우'가 되는 것이다. 일상에서도 이것은 자주 보는 광경이 아닐까.

이러한 세미나에 이어서 스탠딩 파티를 열면 꽤 열기가 대단하다. '속마음'을 알게 된 사이가 되어 파티장에 있는 지인들을 소개해주기 때문에 순식간에 서로 연결고리가 생긴다.

세미나 같은 형태가 아니더라도 이것을 실천할 수 있다. 예를 들어 조직 내에서도 상사나 선배가 부하나 후배의 고민을 정기적으로 듣는 방법이 있다. 거창하게 할 필요도 없기 때문에 한 잔 하러 가는 게 귀찮다면 회사 내의 회의실을 이용하는 것도 좋다.

부하나 후배가 갑자기 개인적인 일들을 털어 놓으려고는 하지 않을 것이다. 일에서의 트러블이나 절차, 중장기적인 전망 등이 화제의 중심이 될 것이다. 그것을 상사나 선배가 질문하고 대답하는 중에 어떤 해답을 제공한다. 조직 내에서는 이러한 자리가 더욱 많아도 좋지 않을까?

이것을 반복하면 상사나 선배의 질문력은 향상되고, 부하나 후배의 고민 해소에도 도움이 되니 양쪽의 거리가 가까워질 가능성이 있다. 그러므로 조직 내에서 활성화되면 매우 이상적이다.

특히 최근에는 이런저런 카운슬링 기회나 기술이 각 방면에서 요구된다. 원래 일본인은 마음속에 고민을 안고 있어도 좀처럼 내보이지 않는 경향이 있다. "뭔가 힘든 일 없어?"라고 물어도 대개는 "괜찮습니다"라고 대답한다.

그건 마치 헤어숍에서 샴푸를 할 때 "가려운 곳은 없으세요?"라고 물었을 때 반사적으로 "괜찮습니다"라고 대답하는 것과 같다. 그러나 그때 미용사가 눈치가 빨라 "이쪽은 어떠세요?"라고 중점적으로 씻어주면 굉장히 기분이 좋아지기도 한다. 우리도 이러한 미용사의 자세를 배워야 한다.

질문하는 쪽이라면 단순히 "힘든 점 없어?", "좀 신경 쓰이는 일 있어?"라고 묻는 것만으로는 부족하다. 예를 들어 반대로 "어떨 때 좀 편해?"라든지 "회사에 가고 싶지 않을 때가 있으면 그 이유를 3개, 순위를 매겨서 말해 봐" 등으로 세세하게 질문하면 대답은 "괜찮습니다"만으로 끝나지 않을 것이다. 상담하는 쪽도 진지하게 듣는 사람이 있다면 털어놓고 싶다는 것이 속내일 것이다. 해결책이 나오지 않아도 마음은 편해질 것이다. '남을 돕는' 일이라고 대단하게 생각할 필요는 없지만 함께 고민하고 이야기를 들어주는 것으로 도움을 받는 사람이 있다면 더욱 실천해 나가야 한다. 나아가 '질문력'을 키우기 위해서 갑자기 기술을 더욱 갈고닦고 싶어질지도 모른다.

스트레스 해소의 첫 걸음은
몸을 따뜻하게 하는 것

예전에 패션모델 구리하라 루이 씨와 대담을 했다. 소문과 달리 꽤
유니크한 분이었다. 사람들에게 종종 '부정적'이라는 평가를 받는
분이었지만 스스로 그런 말을 한 적은 없고, 생각도 한 적이 없다고
한다. 오히려 그러한 평가 때문에 스트레스를 받는 경우가 많다고
한다. 그럼 그러한 차이는 어디서 생기는 걸까?

내가 보았을 때 구리하라 씨는 자신의 감정이나 생각을 정확하게
전하는 것에만 정신을 쏟아, 상대가 그것을 어떻게 받아들이는지는
그다지 신경 쓰지 않는 듯했다. 우리 사회는 어느 쪽이냐고 하면 '일
단 동조'해야 하는 경향이 있다. 자신의 주장보다도 그 자리의 분위
기나 상대와의 관계성을 중시하는 것이다.

이것은 좋다, 나쁘다의 문제가 아니고, 또한 쉽게 차이가 메워질
거라고도 생각하지 않는다. 그러나 모두가 동조하기만 하면 얼마나
시시하겠는가. 남들과 달라도 좋지 않냐는 것이 내가 구리하라 씨
에게 전하고 싶은 메시지이다.

이야기를 하다보니 자연스럽게 나는 스트레스를 받을 때 어떻게 할까 하는 생각이 들었다. 내 대답은 '일단 몸을 따뜻하게 할 것'이다. 욕조에 몸을 담그거나 경우에 따라서는 사우나에 가거나 겨울에는 손난로를 들고 다니고, 따뜻한 음료를 마시는 식이다. 손발을 따뜻하게 하면 다른 사람에게도 비교적 관대해진다. 이것은 내가 경험으로 얻은 지혜이다.

사람들이 기분이 상했을 때는 대개 공복이거나 수면 부족이거나 추울 때가 아닐까? 어느 쪽이든 해소되면 기분이 좋아지는데 그중에서 가장 빨리 할 수 있는 것이 따뜻하게 하는 것이다. 예를 들어 햇빛을 쐬는 것만으로도 기분은 꽤 상쾌해진다. 그렇게 하면 혈액순환도 좋아지고 머리회전도 잘 될 것이다.

이것은 개인은 물론이고 조직 단위에서도 고민해야 할 과제이기도 하다. 예를 들어 회의 분위기가 나쁘다고 하면 그것은 의제나 참가자만의 책임이 아닐지도 모른다. 시험 삼아 모두 대야를 놓고 족욕을 하면서 회의를 진행해 보면 어떨까? 힘든 안건이라도 꽤 좋은 분위기로 바뀌지 않을까? 전원이 모여 아이디어를 내는 회의라면 꼭 실천해 보기를 권한다.

요즘에는 회의실에 작은 트램펄린을 두는 회사가 있다고 한다. 회의 중에 누군가가 멍하게 있으면 상사가 "뛰고 와!"라고 명령한다. 그러면 눈이 번쩍 뜨여 이후 회의에 적극적으로 참가한다고 한다.

이것은 꽤 훌륭한 아이디어이다. 족욕도 좋지만 뛰는 것도 혈액 순환을 활발하게 만들어 몸을 풀 수 있고, 졸음도 날려 버릴 수 있다. 많은 회사에서 이 방법을 써 보기를 바란다.

사내 워크숍을
열어라

트램플린까지는 아니더라도 일을 시작하기 전에 워크숍을 여는 회사도 있다. 여기서 말하는 워크숍이란 단순히 말하자면 신체를 움직이는 게임을 가리킨다. 그렇게 하면 분위기도 좋아지고 뇌도 따뜻해져 활성화된다. 그러면 기분 좋게 일을 시작할 수 있다.

나도 20~30대 무렵 여러 워크숍에 몇 번이나 참가했다. 예를 들어 영국 로열 내셔널시어터가 주최하는 연극 워크숍에서는 '전원이 하나의 커다란 기계가 된다'라는 과제를 냈다. 각자가 자유롭게 신체를 움직이면서 동시에 주위 사람과 연동해야 한다. 한 사람이 손을 빙글빙글 돌리면 옆에 있던 다른 사람이 굽혔다 폈다 하고 그 옆에서 한 사람이 손을 좌우로 벌리고 중심잡기를 하는 식이다.

룰이 있는 것도 아니고 단지 개개인의 자유로운 발상으로 진행한다. 그때 자신이 해야 할 일을 자연스럽게 정하는 사람이 있는 반면 어떻게 하면 좋을지 망설이는 사람도 있다. 전자는 유연한 발상을 할 수 있는 사람이고 후자는 사고가 딱딱한 사람이다. 오늘날 요구되는 것은 말할 필요도 없이 전자와 같은 사람이다. 사소한 게임이지만 차이는 여실히 드러난다. 그것이 워크숍의 재미이다.

이러한 워크숍은 오늘날 일본의 연극에도 침투하고 있다. 노다 히데키 씨의 무대에서는 시작 전에 워크숍을 하는 것이 일상적이라고 한다. 거기서 얻은 영감을 무대에서 살린 적도 있다고 한다.

실제로 회사에서 실천하는 것도 꽤 효과적일 적이다. 머리가 굳어서 움직이지 않았던 사람도 여러 번 참가하면 요령을 익혀 움직이게 될 것이다. 그것은 신체에서 시작해 머리를 유연하게 하는 것이어서 업무에서도 유연성이 높아질 가능성이 있기 때문에 시험해 볼 만하다.

음악에 맞춰
몸을 흔들어 보자

신체의 자극은 뇌에 적지 않은 영향을 준다. 식사 중에 아이디어가 떠오르는 사람도 있고, 술을 먹지 않으면 머리가 움직이지 않는 사람도 있다. 노벨 물리학상을 수상한 마스카와 도시히데 씨가 '고바야시·마스카와 이론'을 목욕탕에서 떠올린 이야기는 유명하다. 욕조에서 나올 무렵에는 전체상을 거의 그릴 수 있었다고 한다.

자극이라는 점에서 말하면 나는 수영장에서 잠수하는 시간을 중요하게 생각한다. 자주 가는 것은 아니지만 잠수하면서 버끔버끔 숨을 뱉으면 세상의 불안도 후회도 모두 사라진다. 바깥의 소리가 차단되고 몸도 가벼워진다. 게다가 무엇보다 숨쉬기가 불편하기 때문에 고민이 사라진다.

숨을 참을 수 있을 때까지 버티다 밖으로 나오면 이번에는 머릿속이 말끔히 새것으로 바뀐 것 같은 기분이 든다. 이 순간에 좋은 아이디어가 떠오르기 쉽다. 나는 그것을 '알몸 수영'이라고 이름 붙이고 홀로 즐기고 있다.

이게 나의 전매특허는 아니기 때문에 많은 분들에게 꼭 권하고 싶다. 시간은 대체로 10~20분이 좋다. 일단 숨을 3초 정도 들이마시고 잠수해서 물속에서 천천히 숨을 뱉고 그것을 반복하면 새로 태어난 것 같은 기분을 맛볼 수 있다.

혹은 신체를 소리와 함께 진동시키는 것도 쾌감을 느낄 수 있다. 악기를 잘 다루는 사람이라면 연주를 하면서 본래의 자신으로 되돌아가는 느낌을 받을 게 틀림없다.

나도 최근 초급자용 통소를 불면서 신체도 악기의 일부라는 것을 알았다. 원래 통소 연주자 후지와라 도잔 씨의 소리에 매료되어 우연히 만났을 때 '나도 불러 보고 싶다'고 상담하자 일부러 보내주신 것이다.

후지와라 씨에 따르면 통소의 요령은 병의 입구에 숨을 불어넣어 울리도록 하는 것이 좋다고 한다. 그 말대로 불러 보자 과연 소리가 났다. '연주'라고 부를 정도는 아니지만 기분은 전국 각지를 돌며 통소를 불었다는 보화종普化宗의 승려가 된 기분이었다. 호흡이 음이 되고 공간을 가득 채운 뒤 온 몸에 되돌아오기 때문에 기분 좋게 공진하는 감각을 맛볼 수 있었다.

이것은 이른바 허밍의 증폭판일 것이다. 나는 이전에 허밍 트레이닝도 받은 적이 있다. 거기서 배운 것은 두개골을 울리는 기술이었다. 개개인의 형태나 크기에 따라 울리기 쉬운 음정이 있다. 그것을 찾아내면 두개골을 진동시키는 법도 허밍 소리의 울림도 전혀 달라진다.

  당연한 말이겠지만 그 순간은 기분도 좋다. 역시 세계와 자신이 공진하고 일체화되는 듯한 기분이 들어 편안해지는 것이다. 통소는 문턱이 높을지도 모르지만 허밍이라면 누구라도 할 수 있다. 주위에 피해를 주지 않는 환경에서 꼭 자신의 두개골에 맞는 음정을 찾아내기를 바란다.

'즐기는 마음'이
발상을 풍부하게 한다

'일류'라고 불리며 중책을 맡고 있는 사람일수록 의외로 느긋해 보여서 놀란 적이 있다. 그들에게 공통적인 것은 '즐기는 마음'이 아닐까?

전형적인 예가 메이저리그에서 활약하는 유격수 다르빗슈이다. 2012년 시즌에 삼관왕을 달성한 최고의 강타자 미겔 카브레라와 맞붙었을 때도 계속 파울을 맞던 끝에 마운드에서 얼굴에 살짝 웃음기를 띤 적이 있다.

시합 후 인터뷰에서 그는 "이제 그만 제대로 쳐 봐"라고 생각했다고 한다. 승부 그 자체를 즐기고 있었던 것이다.

그는 과거 텔레비전 프로그램에서 '폼을 매년 바꾼다'는 이야기도 했다. 일반적인 투수라면 좋은 폼을 하나라도 발견하면 그것을 가능한 한 유지하고자 할 텐데 그는 달랐다. 물론 실력 향상 때문이기도 하지만 "투수니까 일부러라도 여러 가지 폼을 시험해 보고 싶다"는 것이 그의 말이다.

그리고 "여러 가지 폼을 익히는 것은 서랍이 늘어나는 것"이라고 말한다. 과거에 엉덩이 쪽 근육이 아파서 중심발에 힘을 싣고 던지기 어려웠던 적이 있다고 한다. 결국 꼿꼿하게 서서 던질 수밖에 없었다. 하지만 의외로 그때 투구가 좋았다. 이후 그다지 중심발에 힘을 싣지 않고 던지는 방법을 완벽히 익혔다고 한다.

다르빗슈의 발상에서 보면 한 가지 폼만 고수하는 것은 환경 변화에 대응할 수 없다는 의미로 경쟁력이 떨어진다. 상황에 따라 이런저런 방법을 시험해 보는 것, 혹은 그러한 신체적·정신적인 여유를 가지는 것이야말로 강함의 증거라고 할 수 있을 것이다.

다르빗슈에 국한된 이야기가 아니다. 대기업 경영자일수록 쾌활하고 농담을 좋아하며, 성공과 명성을 얻은 크리에이터일수록 새로운 것에 도전하고자 한다. 매일 강한 긴장감 속에서 살아가기 때문에 이러한 '즐기는 마음'으로 균형을 잡으려고 하는지도 모른다. 그 결과 시대를 이끄는 새로운 발상을 내놓는다면 '일류'와 '이류 이하'의 차는 더욱 커질 것이다.

'일류'의 일을 하는 사람은 한정되지만 일류의 사람처럼 '놀고 싶은 마음'을 가지는 것은 누구라도 가능하다. '이것을 시험해 보자', '안 되면 되돌리면 된다' 정도의 마음으로 일에 임하면 그러는 사이 '대박'이 나올지도 모른다.

'나만의 생각'을
깊이 있게 만드는 독서법

생각하기 위한 가장 효과적인 방법

베스트셀러는
이야기의 소재로 최고다

NHK의 연속드라마 소설 '아마짱'이 크게 히트한 적이 있다. 스토리뿐만 아니라 개그나 패러디가 많아 많은 세대의 마음을 사로잡았다. 잡담의 소재로 이토록 화제가 된 드라마도 드물 것이다. 패러디 원작에 대한 깊은 지식을 말할 수 있으면 그것만으로 모임의 중심에 설 수 있다.

게다가 자신의 아이돌에 관한 생각이나 버블 시대의 추억, 고향과의 관련 등과도 연관시킬 수 있다. 즉 '나만의 생각'을 반영하기 쉬운 것이다.

그러나 프로그램이 끝나고 조금 시간이 지났다면 '아마짱'을 화제로 삼기 어렵다. 물론 다른 드라마를 화제로 삼으면 되겠지만 '아마짱'처럼 누구나가 보는 드라마가 아닐 수 있다.

그럼 지금 '국민적 아이돌 그룹'으로 성장한 AKB48이라면 괜찮을까? 그것도 쉽지 않다. 팬들이나 친구들끼리는 괜찮지만 상사나 거래처와의 대화에서 화제로 삼는 것은 피하는 것이 좋다.

이때 필요한 것이 베스트셀러다. 책이라면 읽은 사람이 많기 때문에 화제로 삼기 쉽다. 텔레비전 드라마나 아이돌보다 다양한 해석이 가능하기 때문에 '나만의 생각'도 반영하기 쉽다.

예를 들어 햐쿠타 나오키의 『해적이라 불린 남자』*를 읽은 뒤 그 책을 읽은 사람과 이야기하려고 한다. "주인공 구니오카의 결단력", "회사도 '정'이라는 부분이 중요", "팀워크의 중요성", "국익이란 무엇인가" 등 테마는 끝이 없다. 그러한 대화 속에서 자신의 의견을 펼 수 있다면 더할 나위 없다.

결국 같은 책을 읽는다는 공통항이 있는 것으로 '이 사람은 자신의 생각이 있다'고 생각하기 쉽다. 이것은 착각에 가깝지만 자신이 좋다고 생각하는 것을 상대도 좋다고 하면 서로간에 거리감을 굉장히 줄일 수 있다. 그것은 마치 개를 좋아하는 사람이 자기처럼 개를 키우고 있는 사람을 만나면 단순히 "이 사람은 좋은 사람이다", "신용할 수 있는 사람이다"고 믿어 버리는 심리에 가깝다.

그러한 의미에서 나는 학생들에게 "책을 더 많이 읽어라"고 항상 말하고 있다. 일단 베스트셀러나 화제의 책을 읽는 것은 처세술로서도 최강의 방법이다.

---

* 2012년 상, 하권으로 출간된 역사경제소설로, 2013년 일본서점 대상을 수상한 베스트셀러이다.

예를 들어 학생들의 경우 취업 면접에서 "최근 읽은 책은?"이라는 질문을 받는 경우가 종종 있다. 그때 미스터리나 이른바 라이트 노벨 등만 거론한다면 "학생 시절에 놀기만 했다", "고등학교 졸업하고 사실상 성장이 멈췄다"고 스스로 선언하는 것과 마찬가지다. 그러나 거기서 "『해적이라 불린 남자』를 읽고 감명받았다"라고 말하면 면접관의 태도도 바뀔 것이다.

물론 시바 료타로°의 소설도 좋다. 기업인과 이야기할 때는 기업소설이나 경제소설을 거론하는 것이 잘 '먹힐' 것이다. 이 역시 처세술의 하나이다.

• 시바 료타로(司馬遼太郎, 1923~1996)는 일본의 소설가로 1960년 『올빼미의 성』으로 나오키상을 수상했고, 일본 역사소설의 새로운 지평을 연 작가로 손꼽힌다.

독서로
사고의 끈끈함을 습득하자

책을 읽는 것은 생각을 하기 위한 아주 간단한 방법이기도 하다. 거기에는 반드시 무언가에 대한 '생각'이 적혀 있어, 독자에게 깨달음을 주겠다며 애쓰고 있다. 독자는 이에 충동이 일어 생각하는 계기를 얻는다.

책을 읽지 않는 사람이라도 "나도 매일 머리를 써서 생각하고 있다"는 자각은 있을 것이다. 게다가 문제는 사고의 끈기(점성)이다. 생각이 금방 질려 버리거나 쉽게 결론을 내리고 얼렁뚱땅 넘어가려고 하면 안 하느니만 못하다. '생각했다'고 자부하고 있는 사람 중에서도 '깨달았다'고 자신할 수 있는 사람은 소수가 아닐까?

그 점에서 책은 어느 정도 분량이 있기 때문에 많이 읽을수록 그에 상응해 오래 사고해 나가는 힘을 얻게 된다. 그것은 운동능력과 같아서 예를 들어 매일 20킬로미터씩 달린다고 하면 내일도 20킬로미터를 달리는 건 그리 힘든 일이 아니다.

그러나 평소에 달리기를 하지 않는 사람이라면 1킬로미터만 가도

숨이 턱까지 찰 것이다. 끈기는 평소의 훈련에 달려 있다. 많은 육상선수가 말하는 "연습은 거짓말을 하지 않는다"는 것처럼 말이다.

독서량은 사고능력의 바로미터가 된다. "200페이지 정도의 신서라면 읽을 수 있지만 400페이지나 되는 책은 힘들다"고 느낀다면 그만큼 뇌의 지구력이 부족하다는 말이다. 체력처럼 훈련을 하지 않는 이상 뇌의 지구력은 영원히 얻을 수 없다.

나아가 요즘은 허약한 독자에 맞추어 책의 내용도 가볍고 얇아지고 있다. 마구잡이로 행갈이를 많이 하거나 한 페이지의 글자 수나 행수를 줄이거나 글자 크기를 키우기도 한다. 그러한 책이 잘 팔리기 때문에 출판사로서도 어쩔 수 없을 것이다.

그러나 '사고력'을 익히고자 한다면 그러한 시대의 흐름에 편승해서는 안 된다. 두꺼운 책도 여전히 건재하기 때문에 그러한 책을 접해 '기초체력'을 만들라고 권하고 싶다.

쇼펜하우어나 니체에 의하면 "독서는 게으름뱅이가 하는 일"이다. 혼자 생각하는 것이 아니라 저자라는 훌륭한 코치의 지도에 따르며 사색하는 것이기 때문이다. 그들의 입장에서 보면 독서는 편안한 사고법이다. 현자를 목표로 한다면 우선 평범한 우리는 '게으름뱅이'의 영역에 도달하는 것이 먼저다.

서점에서
'지식의 샤워'를 하자

여러분께 권하고 싶은 것은 우선 서점에 들르는 습관을 기르는 것이다. 이전에 나는 『10분이 있으면 서점에 가세요』라는 책을 칭찬한 적이 있는데 이것은 나의 진정한 마음에서 나왔다. 고작 10분이라도 비는 시간이 있으면 서점에 들러 잡지를 보거나 신간을 휘리릭 넘겨본다. 그것만으로도 꽤 지적인 자극을 받는다. 서점에 있는 것만으로도 이른바 '지식의 샤워'를 하는 것이다.

원래 '생각'하는 것은 뭔가 자극을 받는 것이다. 세상에는 '지적 호기심이 왕성'하다고 불리는 사람이 적지 않지만 그것은 '사고력이 강한 사람'과 같은 의미이다. 반대로 '지적 호기심이 약하다', '무언가에 대해 흥미를 가지지 않는다'는 사람이 있다면 지성인으로서는 위험수위이다.

어린시절을 되돌아보면 우리는 호기심 그 자체였다. 왜 물이 든 물동이를 빙빙 돌려도 물이 떨어지지 않는지, 밤하늘의 별 세계에는 뭐가 있는지, 올챙이는 어떻게 개구리가 되는지 등 세상은 의문

투성이였다. 평소에 아무렇지 않게 생활하면 물동이나 별, 개구리가 '놀아 달라'고 부르고 있는 듯한 기분이 들었다. 그것이 바로 호기심이다.

그러나 어른이 되면 대체로 다 안다고 생각하거나 매일 바쁜 일상에 파묻혀 호기심에서 점점 멀어져간다. 그것은 지성의 위기라고 할 수 있다. 이때 서점에 가면 지적 호기심을 불러일으킬 수 있다. 모든 분야의 전문가가 "놀아 줘(사 줘)" 하고 호소하고 있는 듯하다. 이것은 친구들과의 잡담이나 인터넷상의 대화에서 얻을 수 없는 체험이다.

DNA연구 일인자인 무라카미 가즈오의 저서 『스위치 온의 삶의 방식』에 따르면 우리가 가지고 있는 유전자 스위치는 거의 '오프off' 상태라고 한다. 그것을 '온on'으로 바꾸는 방법 중 하나가 일류와 교류하는 것이라고 한다.

> 같은 수준을 바란다면 언제까지나 '도토리 키재기'에서 벗어날 수 없습니다. 목표로 하는 것이 있다면 먼저 그것을 이룬 '그 분야의 선배'와의 만남을 적극적으로 가지는 것이 좋습니다. 일류와 교류하면 자극을 받아 잠들어 있던 유전자가 ON이 되기도 합니다.

물론 오늘날은 누구라도 책을 낼 수 있는 시대이기 때문에 저자

가 반드시 일류라고 할 수 없다. 그러나 예를 들어 이와나미 문고˚
라면 모두가 인정하는 역사적인 일류인이 모여 있다. 내가 고등학
교 시절이나 대학 시절에는 이와나미 문고를 얼마나 가지고 있는가
가 능력을 나타내는 것이기도 했다. 서점은 그러한 '지식의 거인'들
과 편하게 만나, 자극을 받을 수 있는 장소이다.

• 1927년 고전을 저렴한 가격으로 대중에게 보급하기 위해 이와나미 서점에서 간행하기
  시작한 책이다. 동서고금의 고전적 가치를 가진 문학작품이나 사상학술서를 폭넓게 펴
  내고 있어 일본의 지성으로도 불린다.

도서관이나 인터넷에는 없고 서점에만 있는 것

책이라는 것만 놓고 보면 도서관도 마찬가지 아니냐고 말하는 사람도 있다. 하지만 현재진행형의 활력을 느끼고 싶다면 서점의 승리다. 게다가 현실적으로 도서관의 수는 서점만큼 많지도 않다. 쉽게 들를 수 있는 곳은 역시 서점이다.

요즘에는 책을 오프라인 매장이 아니라 인터넷 서점에서 사는 사람이 늘고 있다. 나도 종종 이용하지만 그렇다고 해서 서점이 필요 없다고는 생각하지 않는다. 존재 가치가 전혀 다르기 때문이다.

인터넷으로 책을 살 때는 사고 싶은 책이 정해졌을 때다. 그렇지만 서점은 많은 책을 손에 들고 직접 넘겨보면서 선택할 수 있는 데 의의가 있다.

물론 인터넷에서도 책 내용을 볼 수 있도록 하는 미리보기 서비스가 있다. 그러나 손에 들고 자유롭게 살펴보는 것과는 느낌이 다르다. 많은 정보가 인터넷 중심이 되고 있기 때문에 직접 서점에 가서 책과의 우연한 만남을 즐기는 것에 가치가 있다. 진열되어 있는 표지를 한 번 훑어 보는 것에 익숙해지면 '이 중에서 나에게 가장 자극을 주는 제목은 뭘까?'를 직관적으로 파악하게 된다. 책이 "나를 읽어 줘"라고 호소하는 듯한 느낌을 받는 것이다.

평소에 인연이 없는 책 코너에도 슬쩍 가 보거나 서서 읽으면서 '이런 분야도 있구나' 하고 놀라는 것도 서점만이 가지는 묘미이다. 이처럼 우연히 보거나 그때 받는 자극은 사고의 출발점이 된다.

나는 평소 서점에 서서 책이나 잡지를 본다. 서 있는 것은 사고에 도움이 된다. 앉거나 누워 있을 때보다 의식을 쉽게 눈뜨게 한다.

플라톤의 『향연』에 의하면 소크라테스는 "잠시 생각해 보겠다"고 말하고 무리에서 떨어져 서서 생각할 때가 있다고 한다. 우리도 소크라테스를 흉내내는 것이 가능하다. 이 점에서 보아도 서점은 이용가치가 있다.

나는 약속 장소로 종종 서점을 이용한다. 약속 시간까지 30분 정도 남으면 커피숍에 가지만 10분 정도라면 좀 애매하다. 그래서 처음부터 서점으로 정하면 기다리는 시간이 지루하지도 않고, 딱 좋은 '샤워 타임'이 된다. 한 번 시도해 보기를 권한다.

일상생활에서 자주 서점에 들르면 평소에도 의욕이 생긴다. 잠이 들기 전 하루를 돌아볼 때 설령 기분 나쁜 일이 있었다고 해도 '서점에 있었던 10분은 알찼어'라고 생각하면 '내일도 힘내자'는 기분이 들지는 않을까?

구입한 책의
본전을 찾는 방법

학생들에게 책을 읽으라고 말하면 "그런데 책은 비싸잖아요"라고 말하는 사람이 있다. 앞에서 『해적이라 불린 남자』의 경우도 상, 하권 두 권이 약 35,000원이다. 두꺼워서 읽을 자신이 없기 때문에 쓸데없는 돈 낭비가 된다는 말이다.

비싸다면 본전을 찾을 방법을 생각하면 된다. 학생들이 전혀 돈이 없는 것은 아니다. 매달 스마트폰 요금을 생각해 보라. 그러나 스마트폰에 의한 수평적인 커뮤니케이션에 아무리 돈을 써도 얻는 것은 그다지 없다. 그것보다 기억에 남는 문장을 만나는 가능성에 투자하는 편이 더욱 건설적이지 않을까?

게다가 본전을 찾기 위해서는 읽은 내용이나 인상적인 문장 등을 사람들에게 말하라고 권하고 싶다.

한두 사람이 아니라 10명에게 말하는 걸 목표로 한다. 즉 10군데 정도 골라서 "A한테는 이 이야기를, B한테는 이 이야기를" 한다든지 "이런 이야기가 나오면 이 이야기를, 저런 이야기가 나오면 저

이야기를" 등으로 만나는 상대나 상황에 맞추는 것이다.

좋은 문장과 만났을 때를 위해 3색 볼펜이나 형광펜을 준비하고 마음에 드는 부분을 표시해 나가면 좋다. 모서리를 접어두는 것도 나중에 찾을 때 편리하다. 또한 15~30초 정도 그 소재를 말하는 '예행연습'을 해 두면 더욱 좋다.

그 정도로 준비해서 말하면 책의 내용이나 문장은 완전히 자신의 것이 될 것이다. 또 주위에도 '자기 생각이 있는 사람'이라는 인상을 줄 수 있다. 자신의 '열정'을 어필하는 기회도 된다. 처음부터 이러한 관점으로 책을 읽으라고 권하고 싶다. 단 너무 전문적인 책을 읽으면 상대가 이해하지 못한다. 베스트셀러나 화제의 책이 실패할 확률이 적다.

물론 베스트셀러 중에도 여러 가지가 있다. 그중에서 고른다면 2~3년 후에도 가치가 변하지 않을 것 같은 책이 좋다. 유행처럼 잠시 팔렸다가 1년 지나면 사라지는 책이 적지 않다. 이른바 유통기한이 짧은 책은 본전을 찾기 힘들 수도 있다.

이것을 알 수 있는 간단한 방법은 리뷰를 보는 것이다. 화제의 책이라도 리뷰 수가 적으면 그다지 가치가 없을지도 모른다. 한편 3~4년 전에 팔린 책이라도 리뷰 수가 방대하거나 최근에 올린 글이 있으면 스테디셀러일 가능성이 있다. 돈을 내고 사도 손해 보는 일은 없을 것이다.

가성비를
생각하면 고전이 최고다

최근의 베스트셀러는 아니지만 가치가 변하지 않는 책으로 고전을 들 수 있다. 오랜 옛날부터 오늘날까지 많은 사람들에게 읽히고 있는 것을 보면 '유통기한'은 거의 무기한에 가깝다.

고를 수 있는 분야도 방대하다. 대표적으로 『논어』를 들 수 있는데 상황에 따라 적용할 수 있는 간결한 문장이 무수히 많다. 마음에 드는 것을 외워 두면 임기응변으로 쓸 수 있다. 혹은 『성서』나 『츠레즈레구사』˚도 마찬가지다. 내용은 복잡하게 얽혀 있지만 다양한 상황에 따라 쓸 수 있는 말의 보물창고이다.

게다가 인간으로서의 '깊이'를 가진다는 의미에서도 고전은 최강의 무기가 된다. 누군가의 이야기를 듣거나 인터넷상에 올라온 글을 볼 때 '이 사람은 가볍다'고 생각한 적이 있을 것이다. 그 이유는 이야기가 표층적 또는 일반적이거나 남의 생각을 그대로 옮기는 것

• 가마쿠라 시대 말기 요시가 겐토에 의해 쓰인 일본의 대표적인 수필집

에 그쳤다고 느끼기 때문이다.

특히 오늘날은 이 '가벼움'이 더욱 더 만연해 있는 듯하다. 정보는 넘쳐흐르는데 좋고 나쁜 것이 뒤섞여 있기 때문에 가치관의 판단이 불가능하다. '깊이'를 잃어버리고 있는 것이다. '가볍다'라고 느끼는 사람을 보고 '더 이야기해 보고 싶다'고는 생각하지 않기 때문에 자신도 가벼운 사람이 되고 싶지 않다고 생각할 것이다. 그래서 인터넷을 통해 적극적으로 정보를 접하고자 하지만 그러한 정보는 겉핥기에 지나지 않는다. 그것을 구분할 수 없다는 것이 문제이다.

어떻게 하면 깊이 있게 보이거나 깊이를 되찾을 수 있을까? 그 해답의 하나가 고전이다. 프로이트나 도스토옙스키, 니체, 나츠메 소세키 혹은 고대 그리스의 철학 등을 배우고 사람이나 사물에 대한 견해를 확립한다. 위대한 선인의 깊이 있는 사고를 접하는 것만으로 스스로의 사고도 깊어진다. 그에 의해 정신문화의 역사를 짊어지고 그것을 기술로 익힌다. 그것이 '깊이'인 것이다.

이보다 간단한 처방전은 없다. 결국 고전을 접하면 좋다는 것이다. 고전이 어렵다면 해설서나 입문서 등은 얼마든지 있다. 단지 그 책에 손을 뻗을 것인가 가만히 있을 것인가 하는 문제이다.

게다가 고전은 사람들에게 이야기했을 때 반응도 각각 다르다. 예를 들어 "유명한 『츠레즈레구사』 중에 이러한 문장이 있다"고 말을 꺼냈다고 해 보자. 상대방이 그 문장을 모른다면 그 사람은 '부끄

럽다'고 느낄 것이다. 그래서 화자에 대해 '이 사람은 박식하다. 분명히 사려도 깊을 것이다'라고 생각하지 않을까? 만약 말을 꺼낸 사람이 『츠레즈레구사』의 문장을 하나밖에 모른다고 해도 말이다

그러한 의미에서 고전의 세계에 접한다는 것은 비용 대비 효과가 매우 높은 '나만의 생각'을 갖게 하는 방법이라고 할 수 있다. 어려운 문장을 너무 깊이 생각할 필요는 없다. 말 자체가 너무 어려우면 또 빈축을 살 수 있다. 그러므로 듣는 사람이 각자 해석하게 하는 편이 좋다.

'고전력'을 드러내
발언에 무게를 더한다

고전을 읽는다는 것은 그 사람이 '누름돌'을 갖는 것이기도 하다. 현대의 정보는 기한이 매우 짧다. 최신이나 유행하는 정보라고 해도 금방 낡은 것이 되어 가치를 잃고 만다. 그런데 고전을 닻처럼 내려두면 휩쓸려 떠내려가지 않을 수 있다. 전통적으로 정신문화란 그런 것이다. 크리스트교도 『성서』의 존재가 초석이 되고 있다. 그것을 알고 있는 것이 곧 개개인이 '신앙심을 가지고 있는' 것이 된다. 유교에서의 『논어』도 마찬가지이다. 즉 정신문화란 공유되는 사회적인 유산이다.

더욱 실용적으로 쓰고자 하면 자신의 체험에 고전의 에피소드를 더해 소재로 삼으면 된다. 그것을 사람들에게 말하면 자신의 체험은 자동적으로 깊어지고 눈길을 끌 것이 틀림없다.

예전에 나는 검도 유단자인 지인에게 "읽고 있는 고전이 있습니까?"라고 물은 적이 있다. 그러자 그는 "검도를 하고 있어서 미야모토 무사시의 『오륜서』만 읽고 있습니다"라고 했다.

내가 『오륜서』의 일부분을 인용하면서 뭔가 이야기를 하려고 했는데, 그가 먼저 이야기를 꺼냈다.

"『오륜서』에 의하면 사물을 보는 방법에는 '관觀'과 '견見' 두 가지가 있고, 그 두 가지를 모두 겸비하는 것이 중요하다고 합니다. 그것이 검도의 마음가짐입니다."

넓은 시야로 상황을 파악하는 '관'과 일부분에 집중하는 '견' 양쪽이 필요하다는 것이다. 평범한 검도 유단자의 이야기라면 흥미가 없는 사람에게는 그다지 와 닿지 않을지 모른다. 그러나 미야모토 무사시가 그렇게 말했다고 하면 말의 의미가 더욱 깊어진다. 인생의 교훈으로 삼고 싶다는 기분도 들 것이다. 이것이 정신문화의 전통에 배접된 고전의 힘이다.

다시 말해서 자력으로 인간으로서의 깊이를 얻고자 할 필요가 없다는 말이기도 하다. 깊이를 얻기 위해서 어떤 고전을 안내자로 삼을 것인가 누구에게 안내받을 것인가 고르는 작업으로 충분하다. 어떤 책을 골라도 실패하지 않는다는 것은 오랜 세월이 증명하고 있다.

이러한 책이 한 권이라도 있으면 꽤 편하다. 첫 시도는 어려울지 모르지만 한 번 재미를 들이면 길게 가는 친구가 된다. 이른바 '나만의 고전'을 가지게 되는 것이다. 기회가 있으면 도전해 보기를 권한다.

독서 체험 + 실제 체험으로
오리지널 소재를 만들다

최근에는 고전뿐 아니라 책을 읽는 사람 자체가 줄고 있다. 전철 안을 둘러보아도 대체로 게임이나 SNS를 하고 있는 사람들뿐이다. 이 상태로는 깊이를 얻기 힘들다.

그래서 나는 고등학교에서 강연을 할 기회가 있을 때 "밤 9시가 넘으면 휴대전화를 충전시키고 독서로 정신을 충전하자"고 말한다. "친구끼리 떠드는 것만으로는 가벼운 사람이 된다. 그렇게 되고 싶냐?"고 도발을 하는 것도 잊지 않는다.

대학에서도 반 강제적으로 독서 습관을 갖게 한다. 단순히 읽는 것만이 아니라 앞에서 말한 것처럼 마음에 든 부분을 10곳 정도 골라서 자신의 체험과 연결해 하나의 소재를 만든다. 그것을 대체로 15초 이내로 정리해서 사람들 앞에서 이야기하게 한다. 이른바 '15초 프레젠테이션'이다.

체험만을 소재로 하면 대학생의 경우는 고등학교 시절의 부 활동 이야기가 대부분이다. 개개인의 감정이 과하게 담겨 있지만 듣는 사람 입장에서는 이거나 저거나 비슷하게 느껴지고 깊이 있는 이야기가 되기 어렵다. 그래서 이야기 도중에 지루해진다.

반대로 책에서 인용한 것으로만 소재를 만들면 이번에는 리얼리티가 없다. 아무리 훌륭한 이야기라고 해도 듣는 사람은 "그게 어쨌다고?", "사는 세계가 다르다"고 느끼는 것이다.

그러나 강제로라도 양쪽을 연결하면 이야기의 깊이도 리얼리티도 생겨나고 말하는 쪽의 오리지널리티도 늘어난다. 이것은 마치 요리에서 재료와 소스의 관계와도 같다. '인용'이라는 최고의 재료에 마지막으로 자신의 체험이라는 오리지널 소스를 뿌린다. 이것이 진정한 실력인 것이다.

바꾸어 말하면 이것은 자신을 어필하는 찬스도 된다. '자기다움'이랄까 '개성'을 중요하게 생각하는 사람은 많다. 그러나 그것이 순수하게 자신의 체험만으로 이루어져 있으면 약간 심심할 수 있다.

그럼 체험의 폭을 넓히면 된다. 이를 위해서 특별한 세계에 뛰어드는 것도 하나의 방법이지만 누구에게나 가능한 일은 아니다. 그래서 독서체험을 실제 체험으로 받아들이는 것이다. 책에서 얻은 놀라움이나 감동, 흥미 또한 자신의 체험으로 이야기한다. 그러면 폭은 무한하게 넓어진다.

이 훈련이 익숙해지면 '나만의 생각'을 언제라도 끄집어낼 수 있게 된다. 동시에 책의 지식도 머릿속에 담아둘 수 있다. 그뿐 아니라 책을 보면서 '자신의 체험에 연결시킬 수 있지 않을까? 소재가 되지 않을까?' 하며 글자를 눈으로 쫓게 된다.

이것은 안테나를 세우는 것과 비슷하다. 앞에서 말한 것처럼 책은 자신을 끄집어내는 도구가 되지만 새로운 정보를 캐치하고 자신을 여는 도구도 된다. 이 중요성에 대해서는 현대인이라면 누구나 인식하고 있을 것이다.

'좌선을 한다'는 행위는 심신, 말 모두 '무無'로 만들기 위해 행하는 것이다. 이 행위는 마음을 가라앉히고 자아를 찾기 위해서 효과적인 수단이지만 그동안 안테나는 서 있지 않다. 우리는 매일 뭔가에 자극을 받고 충동이 일어나 인식을 새롭게 하거나 뭔가 행동에 옮기고 있다. '나만의 생각'을 새롭게 하는 것이다.

그럼 그것을 위해 수신 감도가 높은 쪽이 좋다. 게다가 오늘날은 다양한 정보에 대해 코멘트를 할 수 있다는 자체로 '나만의 생각'을 가지고 있다고 보이기 쉽다. 혹은 소재가 풍부할수록 "이 사람은 재미있다"라는 평가를 받기 쉽다. 즉 인풋도, 아웃풋도 얼마만큼 감이 좋고 자신을 열 수 있는가 하는 문제인 것이다.

독서에는
두 가지 패턴이 있다

책을 읽지 않는 사람들이 자주 하는 변명 중 하나는 '읽을 시간이 없다'이다. 학생이라면 몰라도 사실 회사원이라면 바쁠 것이다. 신체적·정신적으로 지치고 힘들어서 더 읽고 싶은 생각이 들지 않는 사람도 있을 것이다.

그럼 '독서'를 두 종류로 나누어 생각해 보자. 하나는 자신의 정신을 기르기 위한 독서. 이것은 시간을 들여 조금씩 읽으면 된다. 이른바 '슬로우 리딩'이다.

다른 하나는 정보를 얻기 위한 독서. '패스트 리딩'으로 이것은 빨리 읽는 편이 좋다. 바쁜 사람들에게 유용한 것은 역시 후자이다. 여기서 중요한 것은 '전체를 읽을 필요는 없다', '전체 20퍼센트 정도 읽으면 이 책의 정보량 80퍼센트를 흡수할 수 있다'고 여기는 것이다.

물론 이것은 노하우가 필요하다. 책에 따라서는 중요한 정보가 앞부분에 집중되어 있거나 마지막 장에 결론으로써 정리되어 있다.

일단 건성으로 넘기면서 그 부분을 찾아 내 읽고 '독서 끝'이라고 생각하라.

마치 감정鑑定의 세계와 같아서 그렇게 어렵지는 않다. 일상적으로 누구라도 경험하고 있기 때문이다. 예를 들어 양복을 사러 갔을 때 우리는 순식간에 자신과 관련 있는 상품과 그렇지 않은 상품을 분리한다. 물론 여러 후보 중에서 골라야 하지만 대다수의 상품은 애초에 선택에서 제외되어 있을 것이다. 무의식중에 센서를 작동시키기 때문이다.

이것을 '당연하다'고 여기면 한 권의 책에서도 마찬가지로 실천해 나가면 된다. 게다가 어디까지나 자신의 기준으로 하면 된다. 자신에게 맞는 옷을 고르는 것처럼 자신에게 필요한 부분만을 골라내는 것이다. 시간이 없는 사람일수록 이러한 정보의 취사선택력은 불가결하다. '자신에게 있어 필요한 지식, 정보는 무엇인지 알고 있다'라는 것만으로 '패스트 리딩'은 누구라도 가능하다.

많은 출판사가 꼭 내는 신서*의 경우 '패스트 리딩'에 맞는 책이라고 생각된다. 정서를 함양한다기보다 단시간에 필요한 지식이나 정보를 얻기 위한 책이 많다. 게다가 수준이나 장르도 매우 다양하다.

---

* 문고판과 같은 핸드북 형태의 작은 사이즈로 200페이지 전후의 저렴한 책을 말한다. 1938년 창간된 이와나미 신서가 그 시작으로 짧은 시간에 가볍게 읽을 수 있는 교양서라고 할 수 있다.

일단 그중에서 자신에게 필요한 지식이나 정보를 제공해줄 것 같은 책 한 권을 골라 보라. 그것을 반복하는 것만으로도 취사선택력은 꽤 갖추게 될 것이다. 단 이것도 인터넷에서 검색하고 끝내서는 안 된다. 어디까지나 서점에서 음미하는 것, 그것이 바로 첫걸음이다.

책 한 권을
30분 만에 읽자

'패스트 리딩' 기술을 익히기 위해서는 약간의 훈련이 필요하다. 핵심은 책을 점점 더럽히는 것이다. 앞에서 말한 것처럼 3색 볼펜으로 선을 긋거나 동그라미를 치거나 코멘트를 넣는 것도 좋지만 당장 필기구가 없어도 가능하다.

자신에게 중요하다고 생각하는 페이지 아래쪽을 접어두면 된다. 더욱 중요한 페이지는 위쪽 모서리를 접어둔다. 그것만으로도 중요한 부분과 그렇지 않은 부분을 표시할 수 있다. 다음번에 훑어보았을 때 접어둔 부분을 중심으로 읽으면 필요한 정보는 거의 흡수할 수 있다.

또 하나, 작업 속도를 높이는 것도 중요하다. 나는 학생들에게 "신서를 한 주에 5권 정도 읽을 것"을 과제로 낼 때가 있다. 일주일 후에는 사람들 앞에서 리뷰를 발표한다는 조건도 붙인다. 보통 책을 읽는 습관이 없는 학생에게는 '고행'이지만 반복해 나가는 동안에 익숙해진다. 그러나 그게 끝이 아니다. 책을 가져와 서로 바꾸어서 그것을 3분 만에 읽고 책 주인에게 내용을 설명한다. 불가능하다고 생각할지도 모르지만 이것을 반복하다 보면 의외로 가능해진다.

다른 사람의 책이기 때문에 메모를 할 수는 없겠지만 독서의 기본은 앞에서 말한 대로 하면 된다. 먼저 건성으로 넘기면서 중요해 보이는 부분에 집중해서 내용을 파악하는 것이다.

물론 세세한 부분까지는 읽을 수 없다. 그러나 반대로 집중해서 정독했다고 해도 1년 뒤 내용을 상세하게 설명할 수 있는 사람이 얼마나 있을까? 결국 대부분은 잊어버리고 만다. 대략적인 내용이나 인상이 남아 있으면 그만이다. 집중해서 읽어도 대충대충 읽어도 마찬가지이다. 책마다 다르겠지만 적어도 신서는 빨리 읽어도 좋다. '3분'은 극단적이라 할 수 있지만 '30분 안에 다 읽겠다'고 마음먹으라고 권하고 싶다.

오히려 30분이라는 시간제한을 두면 필연적으로 독서법도 바뀔 것이다. 시간이 없을 때는 건성으로 읽고 핵심만 골라야 한다. 이 훈련을 통해 취사선택하는 능력을 익히게 될 것이다.

한 권에서 인상적인
문장 세 개를 뽑아 보자

3분이 아니라 30분 동안 신서 한 권을 어떻게 읽을까? 일단 보아야 하는 부분은 차례이다. 최근 신서는 진화하고 있기 때문에 장제목이나 소제목을 보면 대체로 어떤 내용인지 알 수 있다. 전체의 조감도이자 요약인 셈이다.

신서가 아니라 문고판의 경우이지만 니체의 『차라투스트라』의 경우 번역자 데츠카 토미오 선생이 각 절 앞에 요약을 해 놓았다. 누가 읽어도 내용을 쉽게 알 수 있도록 고안한 것이다.

니체의 대표작에 이러한 것을 더할 필요가 있는지 데츠카 선생은 분명히 고민했을 것이다. 하지만 결국 독자에 대한 배려가 우선이었다. 많은 독자의 이해를 돕고자 하는 의미에서 이것은 큰 결단이라고 할 수 있다.

고전조차 이렇게 친절하게 편집되는 시대이기 때문에 폭넓은 독자층을 타깃으로 하고 있는 신서는 어떻겠는가. 어떤 주제의 책이라도 난해해서 모르겠다는 것은 통하지 않는다.

차례를 본 다음 해야 하는 것은 '인용'이다. 차례를 보고 끌리는 부분을 대충 읽고 거기에 '만약 자신이 이 책의 추천사를 쓴다고 하면 어떤 문장을 고를 것인가'라는 관점으로 세 개를 고른다. 그것을 신문광고나 띠지에 넣는다고 상상해도 좋다. 그렇게 하면 독서 의식이 전혀 달라질 것이다. 설령 단시간이라고 해도 깊이 읽게 되는 것이다.

결국 이 세 문장을 고르는 것만으로 거의 다 읽은 것이나 마찬가지다. 그뿐 아니라 자기 나름의 코멘트를 정리했다고 생각해도 좋다.

'나만의 생각'='100퍼센트 나만의 말'일 필요는 없다. 선택·인용하는 것도 훌륭한 생각의 표명이다. 그 예로 스타일리스트의 일을 떠올려 보자.

그들의 주된 일은 의상을 고르는 것이지 의상을 만드는 것이 아니다. 그렇다고 해서 사람들이 '아무 생각도 없다'고는 생각하지 않는다. 입는 사람이나 상황을 종합적으로 생각해서 잘 어울리는 한 벌을 고르기 때문에 거기에는 본인의 역량이나 센스가 반영된다.

10명의 스타일리스트가 있다면 열 가지 선택이 있을 것이다. 신서를 읽을 때도 똑같다. 문장을 고른다는 행위는 꽤 사고를 요구한다. 정답이 있는 게 아니기 때문에 역시 독해 역량이나 센스가 중요하다. 언뜻 간단해 보이지만 꽤 힘든 작업이다.

단시간에 읽는 것으로 이른바 '속독법'이 유명하다. 이것은 시선을 전 페이지의 오른쪽 위에서 왼쪽 아래로 균등하고 빠르게 훑는 것으로, 읽는다기보다는 사진을 찍는 감각에 가깝다.

이것은 내가 권하는 '패스트 리딩'과는 다르다. 눈을 빠르게 움직이는 것이 아니라 자신에게 있어서 중요한 부분을 빠르게 선택하는 것이 주안점이다. 중요한 것은 어디까지나 '자신을 거쳐 나가는 것'. 활자를 눈으로 쫓기만 하면 스스로 생각하는 습관을 익힐 수 없다. 즉 서치라이트로 비추면서 뛰어드는 '먹이'를 음미하는 것 같은 감각이다.

따라서 선택한 부분은 아주 천천히 읽는 것이 좋다. 3색 볼펜으로 메모를 하거나 경우에 따라서는 소리를 내서 읽는 방법도 있다. 그에 따라 문장을 고르거나 머리에 주입하는 것이다. 시선을 빠르게 움직이는 훈련은 재미있겠지만 적어도 '패스트 리딩'에서는 필요하지 않다.

소설의 묘미는
마음을 열고 즐기는 것에 있다

'슬로우 리딩'에 적합한 전형적인 책이 소설이다. 예를 들어 가르시아 마르케소의 장편소설『백년의 고독』은 한 마을에 사는 일가족의 10년에 걸친 이야기다. 그런데 대하드라마처럼 명쾌한 줄거리가 아니다. 마치 숲 속을 떠도는 것처럼 같은 이름의 등장인물들이 같은 행동을 반복하고 있다. 여기서는 '이렇게 살아야 한다'는 주장을 찾을 수도 없다. 종교도 법률도 없는 시대에 살고 있는 사람들이 백 년에 걸쳐 빙빙 돌고 있는 것 같은 이상한 느낌이다.

이 작품은 좀 극단적일지도 모르지만 우리를 비일상의 세계로 끌고 가고 있다. 그것은 마치 해외여행으로 기분이 전환되는 느낌, 혹은 야쿠자 영화를 본 후 기세등등한 모습으로 걷고 싶은 느낌에 가깝다. 물론 오락의 한 종류라는 것은 틀림없지만 단순히 그것에 그치지 않는다. 책을 읽고 있는 시간 동안 우리는 마음이 들뜨거나 요동치게 된다. 그것이 마음의 유연함을 만들고 뇌의 활동에도 영향을 미친다.

아무리 자기주장을 명확하게 가지고 생각이 관철되어 있다고 해도 그것만으로는 아이디어가 떠오르지 않는다. 오히려 이론이나 전례에 집착해 '꽉 막힌 사람'으로 불릴 우려가 있다. 아이디어도 필요하지만 상황에 따라서 마음을 열고 즐기려는 여유를 가져야 한다.

하지만 놀고만 있으면 뇌가 움직이지는 않는다. 중요한 것은 자기주장을 가지고 있으면서 다른 한편으로는 마음을 자유롭게 하는 균형을 유지하는 것이다. 이른바 왼손에는 가방을 들고, 오른손은 자유롭게 해서 각각의 장소에서 만나는 것들을 계속 가방에 주워 담는 식이다.

특히 회사원의 경우 평소에 일에 집중하고 있으면 논리적인 사고가 습관화되기 쉽다. '성공할까 실패할까', '득일까 손해일까'라는 관점만으로 세상을 보게 될 것이다. 이것은 마음의 여유를 잃게 한다. 그래서 의도적으로 인생 전체를 길게 보고 만물을 깊이 있게 볼 필요가 있다. 그때 소설은 가장 가까이에 있는 도구가 될 것이다.

소설은
가치관이 다를수록 재미있다

다자이 오사무의 대표작 중 『향응부인』이라는 단편소설이 있다. 피곤해서 지쳐 있는데도 찾아오는 손님을 과하게 환대하는 '부인'의 이야기이다. 손님들은 뻔뻔해지기만 하는데 부인은 살을 깎는 듯한 고통으로 그것에 응하려고 한다. 상황은 호전되지 않고 오히려 먹구름을 드리우며 끝난다. 그러나 끝부분에 이 이야기의 화자이기도 한 '부인' 곁에서 계속 일을 해온 심부름꾼을 통해 다자이는 이렇게 말한다.

> 부인의 끝을 알 수 없는 친절함에 질리기도 하지만 인간이라는 것은 다른 동물과는 다른 귀중한 것을 가지고 있다는 것을 태어나서 처음으로 알게 된 듯한 기분이 들어 ……

이런 가치관은 적어도 현대의 비즈니스 사회에서는 생각할 수 없을 것이다. 그래서 읽을 가치가 있다. 인간은 효율 일변도로 안 된다는 것을 새삼스럽게 깨닫게 될 것이다.

『향응부인』뿐 아니라 다자이 오사무의 소설에 등장하는 인물은 대체로 사회 일반의 가치관과는 동떨어진 삶을 살고 있다. 마음은 언제나 흔들리고 있고, 어딘지 위험해 보이고 의지할 데도 없다. 그러나 다양한 삶의 방식이나 사고방식이 있다고 느끼게 하는 리얼리티와 설득력이 있다.

이러한 책을 읽으면 생각의 폭도 넓어지는 듯하다. 직책이나 수입의 규모 등 사람들과의 경쟁이 의미 없다고 느끼게 된다. 즉 인간관계의 폭이 넓어지는 것이다. 그것이 문학의 즐거움이다.

'일을 잘한다'고 인정받는 사람일수록 '일이 전부'라고 생각하지 않는다. 궁지에 몰려 시야가 좁아지는 것을 피하기 때문이다. 그래서 마음의 동요를 가지면서 그것을 일에도 적용해 나간다. 그러한 사람이 반드시 소설을 읽고 있다고 할 수는 없지만 읽는 것으로 '일을 잘하는 사람'이 될 가능성은 더욱 높아진다. 지금까지 소설을 읽지 않는 사람일수록 그 효과는 매우 클 것이다.

미스터리는
치유에 특효약이다

그냥 오락일 뿐이라고 여기는 해외 미스터리 소설도 생각하는 힘을 기를 수 있다. 한 작품 속에 무수한 아이디어가 담겨 있기 때문이다. 뒤얽힌 함정이나 복선에 감쪽같이 속는 일을 반복하며 더욱 똑똑해진 기분이 들 때가 있다. '학습효과'가 생겨서 '이제 같은 수법에는 속지 않는다'라고 생각하기 때문이다.

단, 미스터리는 양날의 검이기도 하다. 오락으로 분류되어 있기 때문에 좋아하는 사람은 미스터리만 읽고 소설을 포함해 다른 책을 읽지 않는 경향이 있다. 활자에 익숙해져 있다고 해도 이걸로는 세계가 넓어지지 않는다. 그것은 마치 '놀이'라고 하면 '디즈니랜드에 가는 것'만 떠올리는 것과 마찬가지이다.

그렇지만 디즈니랜드조차 모르는 것보다는 훨씬 낫다. 일반적으로 일이 바쁘면 피곤함을 느끼고 쉬고 싶어 한다. 그러나 더욱 바빠지면 교감신경이 흥분상태가 되어 피로를 느끼지 않게 된다.

그것은 기분이 좋은 상태이기도 하지만 당연히 위험하다. 어디선가 교감신경에서 부교감신경으로 전환되는 지점을 만들지 않으면 정신의 균형이 무너지고 만다. 졸리고 식욕이 없거나 체온이 낮아지는 것이다.

적어도 내 경우에는 '특효약'으로 미스터리가 최고였다. 지하철로 이동 중인 아주 짧은 시간에 휘리릭 읽으면 현실에서 떨어져 빨리 릴렉스할 수 있다. 마치 반신욕이라도 하고 나온 기분이다. 그런 경험을 하면 새로운 기분으로 현실에 돌아올 수 있다.

예를 들어 구마모토 추리문고 『잭 프로스트 경부 시리즈』의 등장인물들은 홀로 성장하지 않는다. 무뚝뚝하고 바람기 많은 아버지를 시작으로 늘 변함없는 세계에서 살아가고 있다. 작은 마을에서 차례로 사건이 일어나고 수급 불능 상태가 되어 오히려 해결하지 않는다는 에피소드의 반복이다.

그러나 그것이 이 작품의 매력이기도 하다. 이 느긋한 세계관을 접하면 빠져나올 수 없게 된다. 미스터리 인기순위에서 대체로 상위에 꼽히는 점도 납득할 만하다.

제프리 디버의 『크리스마스 선물』, 『포커 레슨』 같은 단편집도 재미있다. 이 작가는 『본 콜렉터』를 시작으로 하는 '링컨 라임 시리즈'로 알려졌지만 단편 또한 발군이다. '마지막은 이런 결말이겠지' 하며 읽고 있으면 그 예상은 대체로 빗나가고 만다. 그의 높은 사고력에 압도될 것이다. 도널드 웨스트레이크의 도트문더 시리즈도 유머가 넘치고 마음에 여유를 가져다준다.

　미스터리의 재미는 작가의 머릿속에 있는 예리함을 즐기는 데 있다. 자신의 머릿속을 안정시키면서 놀라게 하거나 감동을 주는 것은 무방비인 채로 한 방 맞는 것과 같기 때문에 꽤 자극적이다. '머리가 좋다'는 게 어떤 것인지 새삼 깊이 깨닫게 한다.

신문으로
사회에 대한 감을 높이자

인풋의 대상은 책에 한정되지 않는다. 양적으로나 나아가 분야적으로 바리에이션을 만들고자 한다면 신문은 소재의 보물창고이다. 오늘날, 이미 알고 있듯이 신문을 구독하고 있는 사람은 점점 줄고 있다. 뉴스라면 인터넷이나 텔레비전으로 보면 충분하다는 것이다.

하지만 평소에 신문을 읽고 있는 사람과 그렇지 않은 사람은 큰 차이가 생긴다. 신문은 일차 정보뿐 아니라 개인의 인터뷰나 업계, 학회의 토픽 등이 게재된다. 사건이나 사고에 대해서도 보다 깊이 파고든 기사가 적지 않다. 그것을 머릿속에 담아 두면 관련된 정보에 대해서도 능동적이 된다. 혹은 고전과 연결시키면 역사의 흐름을 알 수도 있다. 즉 '체험'의 폭을 넓혀 주는 것이다.

나는 학생에게 반 강제적으로 신문을 읽혀서 "스크랩북을 만들어 보라"는 것을 과제로 낼 때가 있다. 흥미가 있는 기사를 골라서 노트에 붙이고 요약이나 코멘트를 더해 자기 나름의 견해를 제시하게 하는 것이다.

이것은 어중간한 기억이나 지식으로 할 수 있는 것이 아니다. 꽤 머리를 써야 하는 작업이다. 그래서 기사를 진지하게 읽고 주변 정보를 조사하게 된다. 그날그날 신문이 아주 우수한 교재가 되는 셈이다. 실제로 이것을 2주 정도 지속하면 학생의 의식은 크게 바뀐다. 신문을 읽는 습관을 만들어 사회에 대한 관심을 높이는 건 다시 말하면 안테나가 많아진다는 것이다. 이것은 오늘날 '생각한다'라는 작업에 불가결한 전제조건이다.

정보 수집은
인터넷보다 잡지가 효과적이다

잡지도 마찬가지다. 얻을 수 있는 정보의 정밀함이 높기 때문에 코스트퍼포먼스가 좋다. 물론 인터넷에도 정보는 넘치지만 잡지의 기사는 좀 더 시간과 노력을 들여 쓴 것이기 때문에 처음부터 소재가 되기 충분하다.

월간지에 실리는 긴 인터뷰는 꽤 정보량이 많고, 무수히 많은 전문지도 전문 세계의 넓이와 깊이를 알려준다. 게다가 어디까지나 상품이지만 인터넷 정보보다는 신뢰성이 높다. 이러한 정보를 스스로 찾아서 정리하다 보면 잡지 값이 오히려 싸다고 느껴질 것이다.

폐간, 휴간이 꼬리를 물고 이어지고 있는 오늘날에 잡지 판매는 더욱 어려워졌지만 이 가치는 재평가되어야 한다고 생각한다.

서점이나 편의점에 가면 꼭 잡지 코너에 서서 흥미 있는 잡지를 정기적으로 체크한다. 혹은 도서관이나 미용실 등에 놓여 있는 몇 종류의 잡지도 휙휙 넘겨본다. 그리고 특집이 재미있을 것 같은 잡지는 고민 없이 산다. 이것은 내가 안테나를 효과적으로 유지하는 방법이다.

신문이든 잡지든 특히 권하고 싶은 것이 '교양'에 주목하는 것이다. 인터넷의 정보가 너무 범람하고 있기 때문에 그 반동으로써 최근에는 교양이나 소양을 다시 보게 되었다고 생각한다. 즉 세상만사의 본질을 파악하고 넘치는 정보를 교통정리하는 지혜가 필요해지고 있다.

매년 노벨상을 발표하는 계절이 되면 틀림없이 관련 기사가 게재된다. 물리학상이나 화학상과 같은 어려운 분야도 알기 쉽게 설명해 준다. 그러한 기사를 읽고 개념을 파악하면 평소에 무관심하던 사람일수록 신선한 놀라움을 느낄 것이다. 또 기회가 생겨 다른 사람에게 말하면 그것만으로 '교양인' 같은 이미지를 갖게 될 것이다.

여담이지만 대왕오징어에 대해 다룬 NHK '세계 최초 촬영-심해 초거대 오징어'(2013년 1월 방송)는 시청률이 꽤 높았다고 한다. 이후 대왕오징어 인기를 보면 그것도 수긍할 수 있다. 오랫동안 '학력저하'나 '경박단소輕薄短小'라고 불린 일본이지만 지적 호기심이 사라진 것이 아니었다. 그러면 이와 같이 프로그램에서 몇 가지 소재를 가져와서 기회가 있을 때 아웃풋할 수 있으면 많은 사람들의 관심을 끌 가능성이 있다. 임시변통적인 지식이라고 해도 이야깃거리가 많다는 평가를 받을 것이다.

내가 만약
잡지 편집자라면

현대인에게 필요한 것은 편집능력이다. 하나의 사상에 사로잡혀, 예를 들어 『자본론』만 읽고 마르크스주의자에 심취해 버린다면 그 것은 오히려 자신만의 생각이 없는 것과 같다.

혹은 100퍼센트 자신의 말로만 사색하거나 문장을 쓰는 것도 어렵다. 틀림없이 그것은 니체에게도 힘든 일이다. 고대 그리스 비극이 있고, 괴테가 있고, 쇼펜하우어가 있기에 니체의 사상이 태어난 것이다.

세기의 천재를 예로 들었지만 기본적으로 우리의 경우도 마찬가지다. 항간에 넘치는 정보를 어떻게 취사선택하여 짜 맞추거나 변환해서 자신의 소재로 확립할까가 중요하다. 즉 어떻게 '편집'하냐는 것이다.

한 가지 방법을 제안하고 싶다. 자신이 잡지의 편집자가 되었다고 가정하고 어떤 지면으로 구성할지 생각해 보라. 책이나 신문, 잡지, 인터넷 그리고 친구나 지인에게서 들은 이야기 등 다양한 정보를 짜 맞추어서 어떤 특집을 할지, 자기 나름대로 어떻게 맛을 낼지, 어떤 말을 발췌할지 그리고 '주간지'나 '월간지', 혹은 '격주간지'인지를 정해보는 것도 재미있다.

오늘날 컴퓨터를 이용하면 실제로 쉽게 만들 수도 있다. 혹은 차례를 만드는 것만으로 전체상을 그릴 수 있다. 과연 그 잡지는 재미있게 만들어질 수 있을까? 잡지의 성패를 좌우하는 것은 '콘셉트'이다. 단순히 재미있을 것 같은 정보를 늘어놓는 것만으로는 '팔리는 상품'이 되지 않는다. 그 밑바탕에 일관된 시점이나 주장이 있어야만 잡지가 된다. 그래야만 '나만의 생각'이 반영되는 것이다.

그럼 시점을 어떻게 확립하면 좋을까? 아주 간단한 방법은 단어에 주목하는 것이다. 다양한 정보 중에서 끌리는 단어, 재미있다고 생각한 단어를 고른다. 그것을 어느 정도 모아가면 자연스럽게 '나만의 생각'이 떠오르게 된다.

이러한 단어는 기억하려고 해도 한계가 있다. 다소 귀찮더라도 그때마다 메모장에 써두거나 스마트폰이나 컴퓨터에 담아 두거나 복사를 해서 어딘가에 붙여두기를 권한다.

기사 등에서 수집한다면 그것은 다른 사람이 이미 말한 단어이다. 하지만 단어를 선택한 것은 자신이기 때문에 그 축적에서 '자기다움'이 드러나게 된다. 나아가 그 단어 중 2~3개를 짜 맞추어 작은 이야기를 만들어 보면 그것은 이미 완전히 자신만의 것이 된다.

그렇게 생각하면 '나만의 생각'을 정리하는 것도 의외로 간단하다고 느끼지 않을까? 처음부터 '오리지널'을 목표로 하면 결국에는 얄팍한 정도에 그친다. 정보를 모으는 것만으로는 오리지널성이 떨어진다. 양쪽을 '편집'해서 연결하는 것을 통해 자신만의 시점을 제시할 수 있다.

5일차
의사결정이 빨라지는 사고법

현실이 크게 달라지는 힘

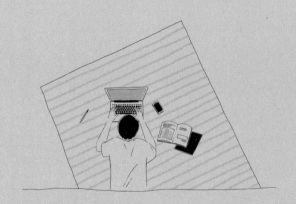

모든 사회인에게
필요한 '의사결정력'

'생각'의 단계에서 최상급은 의사결정을 해서 행동으로 옮기는 것이다. 일순간에 의해 이후 현실은 크게 달라진다. 한 번 결정하면 되돌릴 수 없는 것도 많다.

대학에 있는 학부, 학과에 들어가면 그것을 바꾸기는 어렵다. 일단 결혼을 하면 이혼을 하기 위해서는 많은 노력과 시간이 든다. 그러한 의미에서 의사결정에는 용기가 필요하다.

그래서 결론을 내리기까지 진지하게 생각하고 고민하지 않으면 안 된다. 철학자 데카르트는 '더 이상 고민할 수 없다고 생각할 때까지 고민하면 후회가 없다'고 주장하는데 그의 말대로이다.

나도 중요한 결단을 내려야 할 때는 종이에 모든 요소를 써둔다. 그런 다음 결단을 내린 뒤의 상황을 시뮬레이션하고 최악의 사태도 예측해서 결정한다. 그렇게 하면 거의 틀린 적이 없고, 만약 틀렸다고 해도 예상했던 것이기 때문에 후회가 없다.

경영자라면 매일 큰 결단의 연속일 것이다. 그때마다 바른 선택을 하는 사람이 경영자로서 우수하다고 불릴 것임에 틀림없다.

도요타 자동차의 도요타 아키조 사장은 2009년 취임 직후에 6명의 부사장을 자회사에서 발탁해서 화제를 불러일으켰다. 그는 그 일에 대해서 다음과 같이 말한다.

"지금 부사장 클래스는 자회사의 사장 경험자들이라(오자와 사토시 부사장은 제외) 의사결정이 가능하다. 부사장의 일은 '사장대리'이다. 의사결정이 가능한 사람이 아니면 불가능하다."

대기업의 수장이라면 의사결정 때 꽤 큰 책임을 짊어지고 있을 것이다. 하지만 수장의 입장에서는 부하에게 상응하는 의사결정을 기대하고 있다. 그 부하 직원도 마찬가지도 아래 부하 직원에게 기대가 있을 것이다. 규모에 상관없이 어느 회사나 마찬가지다.

그렇다면 모든 비즈니스맨은 의사결정 상황을 피할 수 없다는 말이 된다. 오늘날 "위에서 하라는 대로 따르면 된다"라는 '무사안일주의'로는 살아남을 수 없다. 지위가 어떻든 의사결정에 익숙해질 필요가 있다.

물론, 의사결정에는 고독과 책임이 뒤따른다. 경우에 따라서는 비판받거나 지금의 지위를 잃을 수도 있다. 그것을 받아들이고 뛰어넘으면 그제야 '의사결정력을 갖추게' 되었다고 할 수 있다.

다른 사람에게 이야기해서
논점을 정리하자

의사결정력은 어떻게 키울 것인가? 기본적으로 수지타산에 따라 플러스 면과 마이너스 면을 하나하나 검증해 나가는 것이다. 이 도전에 어떤 장점이 있고, 어떤 리스크가 있을지를 생각해야 한다. 특히 리스크에 대해서는 허용할 수 있는지 없는지가 중요한 판단재료가 된다.

이때 의외로 효과적인 것이 화자이다. '플러스 면은 이런 점이 있다. 마이너스 면으로는 이런 점이 있을 수 있다. 최악의 경우 이렇게 될지 모른다. 나는 이 점에 비중을 두고 있다' 등을 소리내서 말하면 머릿속이 정리되어 어떻게 해야 할지 눈앞에 선명해질 것이다. 그 상대가 검토하고 있는 안건에 대해 꼭 세세하게 알 필요는 없다. 극단적으로 말해 진지하게 들어주는 사람만 있다면 누구라도 상관없다. 어디까지 자신의 머릿속 정리가 목적이기 때문이다.

그러한 의미에서 이것은 일반적인 커뮤니케이션이 아니다. 이른바 자기와의 대화인 것이다. 불단을 향해 중얼거리는 정도라고 생각하면 이해하기 쉬울 것이다.

반대로 말하면 상대방은 마치 부처와 같은 넓은 마음을 가진 사람이 아니라면 견디기 힘들지도 모른다는 뜻이기도 하다. 평소에 그러한 상대를 알아두는 편이 좋다. 반대로 때때로 자신도 상대방의 부처가 될 각오를 해야 한다는 의미이다. 그 상대가 자녀여도 좋다. 정신적으로 심각한 문제는 예외이지만 이 외에는 비교적 큰 문제라도 괜찮다.

나 또한 지금까지 몇 번이나 큰 의사결정을 내려야 할 때 자녀에게 상담을 한 적이 있다. 예를 들어 책의 제목안이 몇 가지 있을 때 "뭐가 좋아?" 하고 묻는 등이다. 일단 질문을 한 이상 그 책의 콘셉트나 대상 독자, 줄거리까지 상세하게 말해 주어야 한다. 그러한 과정을 통해 나도 기획 의도를 되돌아볼 수 있다. 그리고 어리다고 해도 나름대로 생각이 있다. 그런 소소한 의견을 듣고 "그 말도 듣고 보니 맞네"라고 깨닫기도 한다. 의사결정을 하는 데 적지 않은 도움이 된다.

부정적인
사고는 떨쳐내자

의사결정을 내릴 때에 큰 장애가 되는 것이 스트레스이다. 심리적인 부담이 사고력을 둔하게 하는 경우가 종종 있다. 그럴 때는 바른 판단을 내리기 힘들다.

스트레스를 완전히 없애는 것은 힘들지만 사고법에 따라서 경감시킬 수 있다. 나는 가끔 "아무리 굴러도 죽지는 않는다"라는 생각으로 되돌아오곤 한다.

물론 세상에는 한 발 잘못 내디디면 죽을 수 있는 위험한 일도 있을 것이다. 그러나 많은 비즈니스 현장에서는 설령 실패를 해도 '처형'을 당하지는 않는다. 그렇게 생각하면 어깨 힘을 뺄 수 있다.

실제로 한 번이라도 '지옥'을 맛 본 사람은 정신적으로 강하다. 이전에 유도 금메달리스트인 노무라 타다히로 씨에게 아테네 올림픽에서 3관왕을 달성한 직전에 대해 물은 적이 있다.

그때 의외였던 것이 "시합 전에는 모두 부정적으로만 생각하게 된다"라는 대답이었다. "이게 불안하다", "이런 사태가 일어날지도 모른다"라고 안 좋은 시뮬레이션을 반복할 뿐 아니라 "초등학생 때 여자아이에게도 졌다"는 등 쓸데없는 것까지 떠올리게 된다고 한다. 즉 자신의 마음속에 있는 공포심을 고스란히 받아들이는 것이다.

그것을 모두 끄집어내면 반대로 뻔뻔해질 수가 있다. 막상 매트에 올라섰을 때 "금메달이 어울리는 사람은 세상에서 나밖에 없다"는 자신감이 넘친다고 한다. 이것이 진검 승부의 세상이다. 실제로 금메달을 세 개나 땄기 때문에 이 이야기는 설득력이 있다.

운동선수 중에는 '좋은 이미지만 떠올린다', '이기는 것만 생각한다'는 사람도 있다. 그것도 사고법의 하나이지만 일부러 공포심과 마주하고 뛰어넘어 '결국 내가 최고다'라고 생각하는 편이 더 낫지 않을까?

우리도 이 발상을 적용할 수 있다. 누구라도 마음속에 공포심이 있을 것이다. 그것이 너무나 커지면 스트레스가 되어 사고가 둔해지는 경향이 있다. 그때 보이지 않는 것처럼 뚜껑을 덮어 두는 것도 한 방법이지만 반대로 모든 공포와 마주하는 편이 좋은 결과로 이어질지도 모른다. 깊이가 얼마나 깊은지 알면 오히려 안심이 되는 것과 같은 이치이다.

의사결정 훈련을 위해
자신만의 땅을 확보하자

과거 일본은 어떤 의미에서 스트레스가 적은 사회였다. 관료와 같은 엘리트가 가야 할 길을 정하고 그리고 호송선단護送船團* 방식으로 소위 부정하게 얻는 '떡고물'을 만들지 않았다. 대다수 국민은 스스로 큰 의사결정을 하지 않아도 시키는 대로 하면 무탈하게 지낼 수 있었다.

그러나 최근 그러한 시스템은 붕괴했다. 세상의 빠른 흐름에 대처할 수 없기 때문이다. 여러 기업은 국가의 보호 아래에서 벗어나 개별 대응을 추구하고 있는 것이 현실이다.

여기서 중요한 것은 세상의 스피드에 대응하기 위해 세세한 판단을 스스로 해 나가는 것이다. 쉬운 예를 들어 만두 체인점인 '만두의 오쇼王將'는 정식 이외의 메뉴를 각 지점 점장이 정한다고 한다. 전국 체인이라고 해도 메뉴가 같다면 질릴 것이다. 게다가 지역적 특

---

* 국익과 경쟁력 확보를 위해 정부가 산업 전체를 관리·지원하는 방식을 말한다.

성도 있다. 그래서 어느 정도는 점장의 재량으로 판단하기를 바라는 것이다. 점장으로서는 책임이 막중하지만 그 덕분에 자각도 싹 틀 것이다.

혹은 잡화 할인매장인 '돈키호테'의 점장도 스스로 주변 라이벌 가게를 둘러보고 상품의 가격을 조사하여 자신의 가게에서 파는 상품을 보다 싸게 팔며 '이 지역에서 가장 싸다'고 내세운다고 한다. 즉 점장이 가격을 정하고 있기 때문에 책임이 꽤 무겁다.

이처럼 권한과 책임을 위임하는 것은 의사결정력을 키우는 지름 길이다. 갑자기 모든 결정을 맡기는 것은 위험하지만 조금씩 재량을 넓혀 간다면 이보다 훌륭한 교육 시스템은 없다.

나는 학생들에게 의사결정이 어떤지 알아보기 위한 과제를 내고 있다. 그들은 수업이나 세미나에서 논의를 하거나 어려운 책을 읽기도 하지만 그것만으로는 실력이 늘지 않는다. 왜냐하면 그 장소는 어디까지나 내가 책임자이기 때문이다. 학생들은 진정한 의미에서 당사자가 될 수는 없다. 책임을 지지 않는 한 사람은 진지하게 생각하지 않는다.

나는 인연이 있는 중학교에 정기적으로 학생들을 파견해 수업을 하거나 아이들과 놀이 메뉴를 고안하게 한다. 그 장소에서는 그들 자신이 책임자가 되기 때문에 진지하게 생각해서 준비한다. 이 현장 교육을 끝내면 다들 몰라보게 '어른'이 되어 돌아온다.

이것이 바로 '자신의 밭을 갖고 있느냐'는 것이다. 내 땅에 씨를 뿌리는 것도 수확을 하는 것도 자신의 책임이라고 해 버리면 필연적으로 스스로 생각하고 의사결정을 하게 된다.

바꾸어 말하면 조직으로서는 어떻게 유망한 초보에게 밭을 줄 것인가, 개인으로서는 자신의 밭을 획득할까 하는 이야기가 된다. 물론 땅을 막 준다고 좋은 것은 아니다. 개인의 역량이나 리스크를 감안한 다음 그냥 받거나 스스로 획득할 필요가 있다. 이 조건을 만족시키면 의사결정력도 자연스럽게 생길 것이다.

일류를
체크하라

의사결정 요령을 얻기 위해서는 '흉내내거나' '보고 배우는' 과정을 빼놓을 수 없다. 최근 거의 모든 예능 프로그램도 마찬가지다.

얼마 전 한 방송국 프로듀서로부터 새삼스럽게 그것을 확신할 수 있는 이야기를 들었다. 텔레비전 프로그램에는 감독을 보좌하는 역할을 하는 조감독이 있다. 그들은 기본적으로 감독을 목표로 하는 사람들이어서 실제 감독을 가까이에서 보면서 일을 익힌다. 하지만 조감독은 인력 부족으로 예를 들어 5명의 감독을 동시에 서포트하는 경우가 있다. 그렇게 하면 너무 바빠서 각 감독과의 연결이 약해져 거의 잡일을 하는 존재가 되고 만다. 당연한 말이지만 그런 일은 감독이 되기 위해서 필요한 일도 아니다. 즉 조감독으로 아무리 시간이 지나도 중요한 일을 배울 수 없게 되는 것이다.

방송국 입장에서 보아도 그것은 비효율적이다. 잡일이라면 아르바이트를 쓰면 된다. 그러니까 조감독을 고용하는 것이 아니라 아르바이트를 채용하자는 이야기도 나오고 있는 모양이다. 이것은 마치 가려워 긁으면 아프고 안 긁으면 가려운 것처럼 더욱더 미래의 감독들을 키울 수 없는 구조가 된다.

이상적인 것은 한 사람의 우수한 감독에 전담 조감독이 계속 붙어 서포트하고, 한 프로그램을 처음부터 끝까지 보고 배우는 형태이다. 프로그램 제작에 대한 생각이나 다양한 상황에서의 의사결정 방법 등은 하루아침에 배울 수 있는 것이 아니다. 그래서 예산 문제도 포함해서 어떻게 해야 할까 하는 것이 방송국의 고민이라고 했다.

이것은 어느 업계에도 적용되는 이야기이다. 우수한 사람 밑에서 진득하게 일을 배울 수 있는 기회가 있으면 꽤 공부가 된다. 지식이나 기술뿐 아니라 의식 수준도 크게 향상한다.

현실의 정치 세계에서도 정치인의 비서를 거쳐서 정치인이 되는 사람이 적지 않다. 이것은 지극히 정석일지도 모른다. 비서로서 항상 정치인 옆에 있으면서 겉과 속을 속속들이 보면 정치인은 어떻게 해야 하는지도 보일 것이다. 그래서 처음부터 정치인을 목표로 하고 비서가 되는 사람도 있다.

일반 회사원도 만약 우수하다고 불리는 사람들의 일하는 모습을 접할 기회가 있다면 가능한 한 곁에 있는 것이 좋다. 혹시 수지타산이 안 맞아도 배워서 얻는 것의 가치를 생각하면 받는 것이 훨씬 클 것이다.

대체로 우수한 사람일수록 세심하고 일에 엄격하기 때문에 옆에 있는 것이 결코 쉽지 않다. 그러나 그것을 수업기간이라고 받아들일지 아닐지에 따라서 자신의 미래 모습은 크게 달라질 것이다.

주인의식이
뇌를 활성화시킨다

누군가에게 계속 붙어 있으면서 배운다는 것은 과거 도제 제도에서도 당연한 일이었다. 전형적인 것이 라쿠고落語*나 노能**의 세계로, 한 스승에게 제자로 들어가면 바꿀 수도 없다. 혹시 다른 스승이 더 잘 맞지 않을까 하는 생각조차 하지 않는다. 일대일로 모든 것을 배우는 것이 바로 도제 제도이다.

다치가와 단시의 제자인 다치가와 단슌의 저서 『빨간 송사리赤めだか』에 의하면 단시는 제자들에게 상도를 벗어난 '횡포'를 부렸다고 한다. 제자 입장이었을 때는 부려먹는다고만 생각했다고 한다. 그래도 제자들은 스승 곁에 있다. 단시가 지닌 매력도 있겠지만 한 번 입문한 이상 계속 사사받는 것이 당연한 일이었다.

이러한 제도는 이미 시대착오적일지 모르지만 사람을 키울 때에

* 일본이 전통적인 예능으로 말을 이용해서 관객들에게 웃음을 준다.
** 특별한 무대에서 상연되는 일본의 가면악극이다. 넓은 의미로 가무극을 지칭하기도 한다.

는 발군의 효과가 있음에 틀림없다. 실제로 회사에 따라서는 숙련자와 초보를 팀으로 묶어 기술 외적인 부분까지 통째로 가르치는 이른바 '사내 도제 제도'를 도입하고 있는 경우도 있다.

이때 배우는 것은 일의 요령뿐만 아니라 더욱 중요한 것이 주인의식을 갖는 것이다. 일류의 일하는 형태나 마음가짐을 실제로 보면 완전히 감화될 것이다. '그렇게 되고 싶다', '일류가 되고 싶다'고 생각하면 할수록 두뇌 회전도 빨라질 것이다.

앞에서 방송국 조감독 예를 들었지만 최근에는 주인의식이 있는 사람과 그렇지 않은 사람 두 종류로 크게 나눌 수 있다. 전자는 장래 감독이 되는 것을 진정으로 목표로 하고 열정적으로 배우고자 하는 사람, 후자는 아르바이트처럼 하는 사람이다.

그들을 부리는 감독 측에서 보면 후자는 제대로 된 감독이 되지 못할 거라고 말한다. 눈치가 없고 같은 실수를 반복하고, 행동이 느리다는 식이다. 오히려 감독이 신경을 써서 조감독의 일을 하는 경우도 있다고 한다. 이러한 조감독은 '어시스턴스 디렉터(AD)'가 아니라 '민폐 감독'이라 불린다고 한다. 주위로부터 '민폐'라고 불리지 않기 위해서라도 일단 누군가에게 사사받는 것을 권하고 싶다. 의식이 변하면 두뇌 회전도 달라질 것이다.

'생각한다'는 것에는
두 종류가 있다

얼마 전 『fast&slow』라는 책이 화제가 되었다. 그 책에 따르면 인간의 의사결정에는 직감 등에 의한 것과 심사숙고 끝에 하는 것 두 종류가 있다고 한다.

어느 정도 짐작할 수 있을 것이다. 의식하고 있는지 아닌지는 둘째 치고 사람들은 경우에 따라 양쪽을 다르게 적용하고 있을 것이다. 그러니까 그것을 의식적으로 기술화하여 사고의 수준을 올리자는 주장이다. 즉 '생각한다'라는 행위를 둘로 나누어 직감을 갈고닦으면서 검증력도 연마하자는 의미이다.

그럼 각각의 사고를 좀 더 자세하게 살펴보자. 일단 직감에 따르는 '패스트 씽킹fast thinking'이란 '이유를 설명할 수는 없지만 이쪽이 좋다'고 순식간에 결정하는 사고를 가리킨다. 특히 경영자처럼 의사결정력이 요구되는 사람은 이런 능력이 뛰어나지 않으면 안 된다. 수많은 안건과 맞닥뜨리기 때문에 하나하나 깊이 생각하고 있을 여유가 없다.

이전에 한 프로그램에서 만난 영화감독 스오 마사유키 씨로부터 "영화감독은 의사결정의 연속"이라는 이야기를 들었다.

수많은 스태프나 배우들이 "의상은 이게 좋을까요?", "카메라는 이렇게 하면 될까요?", "날씨는 괜찮나요?", "연기는 괜찮았나요?" 등 하나하나 물어본다고 했다. 감독이기 때문에 그 모든 것을, 게다가 곧바로 답하지 않으면 안 된다. 한 번 보류하면 연관된 작업이 모두 중단되기 때문이다. 촬영 전에 영상 이미지를 미리 그려 두지 않으면 대처하기가 꽤 힘들 것이다.

바꾸어 말하면 의사결정이 빠른 사람은 그동안의 경험과 이미지네이션이 풍부해서 이미 스타일이 확립되어 있는 사람이다. 거장 오자와 야스지로 감독은 "자신은 두부 가게 사장이라서 두부밖에 못 만든다"고 말했다. 카메라 앵글이나 대사 타이밍 등을 자신의 미의식에 비추어 판단하고 있다는 뜻일 것이다.

직감력은
경험의 선물이다

이러한 사고력을 기르기 위해서는 역시 책임을 지는 입장에서 여러 일을 거치는 것이 가장 좋다. 예를 들어 오 사다하루 씨는 현역 은퇴 후에 후지타 모토시 감독 아래에서 '거인(자이언츠)' 팀의 조감독을 지낸 적이 있다. 하지만 정작 자신은 "그 경험은 그다지 좋지 않았다"고 말한다. 배울 것이 없었다는 것이 아니라 감독과는 달리, 의사결정이 요구되는 포지션이 아니었다. 경험을 쌓는다는 의미에서는 뭔가 부족함을 느꼈다는 것이다.

그래서 "2군 감독을 하는 편이 좋았을걸" 하고 말한다. 1군보다 수준은 떨어지지만 틀림없이 의사결정에 쫓겼을 것이기 때문이다. 힘든 프로의 세계를 헤아릴 수는 없지만 그 기분만큼은 나도 알 수 있을 듯하다.

대기업에서 채용을 담당하고 있는 친구가 말하길 수시 채용의 경우 중시하는 것은 '어떤 의사결정을 해 왔나?' 하는 것이라고 한다. 설령 작은 회사라도 의사결정을 해 온 경력이 있는 사람은 믿음직스

럽다. 반대로 대기업 출신이라도 시키는 일만 해 온 사람은 그릇이 작다. 채용하고 싶은 사람은 당연히 전자라고 한다.

학생들조차 경험의 차는 여실하게 드러난다. 예를 들어 메이지 대학에는 전국적으로 유명한 멘토링 그룹이 있다. 고가 마사오가 창설한 전통 있는 모임이다. 이미 서클 활동의 수준을 넘어 '고가 마사오 멜로디'를 내세우며 전국 투어를 계획할 정도이다.

그곳의 부장이 되면 거의 이벤트 진행자에 가깝다. 그 일을 맡은 학생은 다른 학생에 비해 압도적으로 매니지먼트 능력이 생기고 의사결정력도 높아진다. 그렇게 하면 취직 때도 환영받는 사람이 될 것이다.

물론 처음부터 바로 의사결정을 할 수 있는 사람은 없다. 그러나 몇 가지 상황에 처하면서 결단을 내려야 하고 머뭇거림을 반복하고 때때로 실패도 하면서 "이런 때는 이렇게 하면 좋다"라는 현장감을 익히게 된다. 결국 결단도 빨라진다. 이것이야말로 자신의 재산이 되는 것이다.

'예상 범위'를
늘려라

한편 '슬로우 씽킹slow thinking'은 '패스트 씽킹fast thinking'을 검증하는 역할을 담당한다. 이른바 직감을 논리적으로 채워가는 작업이다. 여기서 요구되는 것은 여러 사람의 의견을 듣거나 마케팅을 해 보거나 조건을 써 보는 것 등으로 다각적인 시점을 가지는 것이다. 당연히 어느 정도 시간이 걸린다.

우수한 경영자 중에는 한 조건에 대해 직감적으로 결론을 냈다고 해도 일부러 결정을 유보해 잠시 묻어 두는 사람도 있다. 사실 즉단즉결이 항상 최고의 판단을 내린다고는 쉽게 말할 수 없다. 경영자로서는 숙성을 시키면서 '좋은 맛'을 내는 과정도 가져야 한다.

회의나 메일로 뭔가 오퍼를 받았을 때도 그 자리에서 경솔하게 떠맡아 후회하는 경우는 꽤 많다. 속도를 중시하는 것도 필요하지만 그것은 '패스트 씽킹'에 자신이 있는 경우에만 한정된다. 그렇지 않다면 일단 누군가에게 확인을 하든지, 이해를 구하는 등의 충격 완화 장치가 있어도 좋다. 그것이 '슬로우 씽킹'의 역할이다.

모든 경우를 검증하고 '예상 범위'를 늘리는 것이 목적이기 때문에 시간도 들고 상상력도 요구된다. 그러나 그것이 가능해지면 결단에 자신을 가질 수 있고 기분도 상당히 편안해진다.

일찍이 호리에 타카후미 씨가 일본방송 매수 등으로 세간에 화제를 모으고 있었을 때 입버릇처럼 말해온 것이 '예상 범위였습니다'였다. 다소 허세가 있었을지 모르겠지만 어떤 상황에서도 동요하지 않는 모습은 참신했다.

실제로 여러 예상을 하면서 싸움에 나섰을 것이다. 한편으로 비판을 받으면서 한편으로 젊은 사람들을 중심으로 절대적인 지지를 받은 것은 모든 상황을 고려한 '강함'에 원인이 있다고 생각한다. 호리에 씨뿐만 아니라 이러한 야성적인 지성을 가지고 스스로 판단하는 길을 열어갈 힘이 있는 사람은 앞으로 일본에 꼭 필요하다. 누군가의 의사결정에 따르기만 하는 집단은 약육강식의 세계에서 경쟁력이 떨어진다.

전후를 생각하지 않고 저돌적으로 달려 나가는 것은 무모할 뿐이다. 다양한 예상을 한 다음 전진하면 쉽게 실패하지 않는다. 만약 문제에 휘말려도 예상 범위 안이라면 동요하지 않을 수 있다.

단, 검증하는 것에 치우쳐 직감을 둔화시키는 것도 좋지 않다. 중요한 것은 균형이다. 직감과 검증을 마치 왼손과 오른손처럼 쓰면서 본질을 꽉 쥐는 것이 이상적이다.

원래 둘의 양립은 의무교육 기간에 배워야 하는 것일지 모른다. 예를 들어 중학교 수학에서 증명 문제가 등장한다. 이것은 직감적으로 방향성에 초점을 맞추고 실제로 검증하며 확인하는 것이 문제를 푸는 핵심이다.

즉 여기에는 '패스트 씽킹' 요소보다는 '슬로우 씽킹' 요소가 포함된다. 양쪽이 필요하다는 것을 체득하기 위한 최고의 교재임에도 불구하고 현실에서는 수학의 한 요소로서만 배울 뿐이다.

혹은 국어에서도 소설을 빨리 읽었을 때의 첫인상과 그 후 세세하게 읽었을 때의 인상은 전혀 다르다. 두 독서법으로 읽어야 그제야 작품의 깊이를 이해할 수 있다. 여기서도 '패스트 씽킹'과 '슬로우 씽킹'을 배우는 것이 가능하다.

개념적으로 말하면 이것은 전체를 직감적으로 파악하면서 세부를 검증적으로 바라보라는 말이기도 하다. '패스트 씽킹'을 오른손, '슬로우 씽킹'을 왼손에 적고 초등학교 1학년 첫날부터 "사물은 양손으로 꽉 쥐어라"고 가르치면 '생각한다'는 것이 어떤 것인지를 알게 될 것이 틀림없다. 그렇게 하면 오늘날 현대인의 사고력은 크게 바뀔 것이다.

해야 하는 일의
우선순위를 정하자

한정된 시간 안에 하지 않으면 안 되는 일은 무수히 많다. 누구나가 이러한 고민에 직면해 있는 것은 아닐까. 일단 'to do 리스트' 같은 것을 만들어도, 처음부터 하나씩 해 나가면 리스트 후반은 거의 시도해 보지도 못하고 끝나 버린다. 그렇게 하면 중대한 작업을 놓치게 될 것이 틀림없다.

여기서도 중요한 것이 의사결정력이다. 리스트를 만들었다면 그 중 무엇을 먼저 해야 할지 3위까지 우선순위를 정한다. 그리고 적어도 1위는 달성하기 위해 노력한다. 이것을 매일 반복하면 크게 미련도 없을 것이고, 그에 상응하는 의사결정력을 기르게 된다.

리스트에 쓰는 항목이 대단한 것일 필요는 없다. '○○에게 메일을 보낸다'라든지 '○○에게 전화를 한다'처럼 세세한 잡무라도 좋다. 그렇게 하면 일의 중요도는 떨어지지만 순식간에 끝나기 때문에 미리 끝내 놓자는 선택도 가능하다. 아무튼 훈련의 일종이라고 생각하고 스스로 결정하고 끝맺는 것이 중요하다.

이것은 일상의 스트레스 해소와도 관련 있다. '꼭 해야 하는 일이 엄청나게 많다'라고 애매하게 생각하고 있기 때문에 초조해지거나 멍하게 있게 되는 것이다. 그것을 리스트에 써서 '오늘은 이 하나만큼은 중점적으로 한다'라든지 '오늘은 상위 3개만 하겠다'라고 정하면 꽤 기분이 후련하고 편해질 것이다.

단 우선순위를 한 번 결정한다고 그걸로 끝이 아니다. 변화에 유연하게 대응하는 것이 중요하다. '상태를 무시하고 변화에 집중하라'고 말하고 싶다. 상황의 변화에 따라 꼭 해야 하는 것의 긴급성도 달라질 수 있다. 항상 안테나를 세우고 우선순위도 그때그때 바꾸어갈 필요가 있다. 그것도 의사결정력을 기르는 작업이다.

나는 매일 수첩에 체크 박스를 달아서 우선순위를 적어둔다. '꼭 해야 할 일'은 빨간 색으로 쓰고 '시간이 있으면 할 일'은 파란색으로 쓴다. 그 외의 일은 연필로 써 두어 언제라도 지울 수 있도록 한다. 물론 경우에 따라서는 순위가 바뀌기도 한다. 상황의 변화에 항상 신경을 쓰면서 임기응변에 대처하는 것이다.

오늘날 문구용품은 매일 진화하고 있어 지금은 4색 볼펜에 샤프가 달려 있는 상품까지 있다. 이러한 것이 속속 등장하고 있는 시대에 살고 있는 것을 감사하면서 많이 활용해야 할 것이다.

회의에서 발언은
10초 이내로 한다

우선순위를 정하는 발상은 회의를 할 때도 적용하면 좋다. 몇 가지
의제가 있을 때는 일단 무엇을 거론해야 할지 결정한다. 단순한 보
고나 설명이라면 나중에 메일이나 프린트물을 나누어주면 끝날지도
모른다. 여러 사람이 모여서 시간을 할애하는 것이기 때문에 이러
한 판단은 개인의 스케줄보다 중요하다.

마찬가지로 회의에서 배려해야 할 것은 한 사람이 말하는 시간이
다. 극단적으로 '한 번에 10초씩'이라고 정하는 것도 좋다. 사회자나
책임자가 스톱워치로 체크를 하는 것도 좋다. 그렇게 하면 이야기
의 핵심만 말하게 된다. 즉 자동적으로 우선순위가 높은 것을 말하
고자 하는 동기가 작동하는 것이다.

이것은 나도 경험한 바이다. 방송에서 코멘트를 할 때 시간이 10
초밖에 없을 경우가 종종 있다. 이 때 다양한 요소를 담으려고 하면
시간이 없어서 가장 중요한 것은 말을 못할 때가 있다. 그래서 말을
꺼낼 때 처음부터 제일 중요한 요소나 키워드를 전하고 시간이 남으

면 보충설명을 하는 스타일로 바꾸었다.

이러한 대화법은 누구라도 훈련만 하면 가능하다. 10초는 '순식간'이라는 이미지가 있기 때문에 처음에는 당황해서 제대로 못할지도 모른다. 하지만 연습을 계속 하면 점점 우선순위를 틀리지 않게 되고 10초라도 중요한 메시지를 전하기에는 충분하다는 것을 깨닫게 된다. 내가 이처럼 확신하는 것은 학생들에게 이것을 실천해서 성공했기 때문이다. 처음부터 딱 잘라 말하지 못하는 것은 자신의 뇌의 습관 때문이라고 생각하고 꼭 도전해 보기를 바란다.

회의에 적극적으로
참여하기 위한 3종 세트

잡담은 물론이고 회의나 상담에 있어서 빼놓을 수 없는 3가지 요소가 있다. '데이터', '시점', '아이디어'이다. 논의를 할 때에는 '잃어버린 게 없는지 체크한다'는 생각으로 이 3가지가 준비되어 있는지 확인하는 것이 좋다.

일단 중요한 것이 '데이터'이다. 사실 관계에 근거하지 않은 논의는 의미가 없다. 나아가 자신의 즉흥적인 생각이나 집착만으로도 이야기는 진행되지 않는다. 한 대상에 대해 완전 긍정적인 사람과 완전 부정적인 사람이 이야기를 한다면 평행선으로 나아갈 뿐이다. 그러다 결국, 서로 설득력을 잃고 인신공격으로 바뀌어 버린다. 이것은 인터넷상에서는 종종 있는 일들이다. 논의의 전제는 출발점이 되는 '순간'을 공유하는 것이다.

가장 설득력이 있는 것은 역시 숫자이다. 예를 들어 음주운전 사고는 과거부터 주의를 기울이고 있음에도 불구하고 전혀 개선되지 않는다는 이미지가 있다. 하지만 실제 발생건수는 2000년을 정점으로 점점 감소하고 있고 2013년은 2000년과 비교해서 약 6분의 1 수준으로 연간 약 4,000건 정도이다. 많다는 것은 틀림없지만 헌법화의 효과도 나타나고 있는 것이다.

숫자뿐 아니라 '체감' 데이터도 설득력이 있다. 초등학교 선생님이 "요즘 초등학생들은……"이라고 말한다면 대체로 틀리지 않을 것이다. 매일 접하고 있어서 어느 정도 현실성이 있기 때문이다.

내가 가르친 학생들이 중학교, 고등학교 교사로 일하고 있기 때문에 나도 오늘날의 중학생이나 고등학생이 어떤 생각을 하고 있는지 대충 알고 있다. 게다가 고등학생을 대상으로 1,000명 단위의 강연회를 연간 10회 정도 하고 있기 때문에 합계 1만 명 정도를 직접 만나고 있으니 적어도 그 정도의 학생 데이터를 가지고 있는 셈이다.

최근 텔레비전 등에서 '라면 평론가'라는 사람들이 활약하고 있다. 그들은 단순히 라면을 좋아하는 사람들과는 달리 어마어마한 양의 라면을 먹고 있다. 그리고 분명 독자적인 분석이나 평론 기준을 가지고 있다. 그것을 숫자로 나타낼 수 없다고 해도 그들의 머릿속이나 혀에 데이터가 축적되어 있다. 그래서 그 평론에는 설득력이 있고 많은 사람이 듣고 싶어 하는 것이다.

이와 반대로 종종 볼 수 있는 것이 표면적인 현상이나 돌발적인 사고로만 파악해서 "그래서 요즘 고등학생은……"이라거나 "이 라면은 별로다"라는 식으로 비판적으로 보는 견해이다. 데이터에 입각하지 않은 의견은 자신의 생각이나 이미지에 의존하는 부분이 많기 때문에 그다지 논의할 가치가 없다.

오늘날의 인터넷 공간은 그러한 잘못된 믿음이 응축된 장이기도 하지만 방대하고 상세한 데이터를 간단히 얻을 수 있는 공간이기도 하다. 후자의 사용법이 더욱 일반화되고 나아가 활발한 의견 교환이 매너로 정착되기를 바란다.

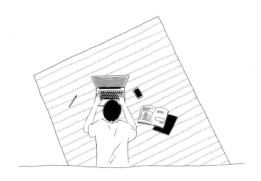

구체적인
아이디어를 갖자

데이터가 항상 옳다고는 할 수 없다. 정당한 데이터들이 모순인 경우도 있고, 하나의 숫자에 대해서 다양한 해석이 가능하기 때문이다. 그러나 데이터를 추렴하거나 해석을 둘러싸고 논의를 하는 것이라면 피해서는 안 된다. 그것은 분명 협력적인 관계이고 건설적인 결과에 이를 가능성이 높기 때문이다.

그다음으로 중요한 것이 '시점'이다. 자신은 대상이나 데이터를 어떤 각도로 보고 있는가 드러내는 것이다. 이것은 서로 정당성을 주장한다기보다 각각 한 번은 상대의 시점에 서서 바라보는 것이 핵심이다.

그렇게 하면 새로운 발견이 있을지도 모르고 공통점이나 타협점을 발견할 가능성도 있다. 설령 상대의 견해가 다르다고 해도 서로 이야기를 터놓을 수 있는 시간을 갖게 된다. 이른바 서로 의견 차이를 좁히기 위한 과정이라고 생각하는 편이 좋을 것이다.

그리고 또 하나 필요한 것이 '아이디어'이다. 서로 문제의식을 공유해도 '그럼 어떻게 할까'가 없다면 이야기는 진행되지 않는다. 그것을 서로 제시하고 수정하거나 쌓아가는 것으로 건설적인 논의가 된다.

핵심은 구체적인 현실성이 있어야 한다. 탁상공론이나 황당무계한 상상, 혹은 허세 가득한 목표 등은 의미가 없다. 그렇기 때문에 제대로 된 데이터나 시점이 전제되지 않으면 안 된다.

데이터가 있고, 시점을 제시하고 아이디어까지 낼 수 있다면 그 논의의 결과가 어떻든 '나만의 생각'을 제대로 지닌 사람이라는 인상을 남길 수 있다. 그것은 다음 회의에서 발언권이 늘어나는 것으로 이어질 것이다.

노벨상 수상자의
사고법

의사결정은 한순간이지만 거기에 이르기 위해서는 상응하는 사고의 축적이 필요하다. 바꾸어 말하자면 '생각하는 힘'을 가지기 위해 절대로 빼놓을 수 없는 것이 '계속 생각하는 것'이다.

어떤 문제가 눈앞에 닥쳤을 때 누구라도 '해결책을 찾으려' 한다. 그러나 간단히 해결할 수 없는 것이라면 도중에 내던져 버리고 싶어진다. 당연한 일이지만 거기서 진짜 '그만둘 것'인지, 끝까지 '계속 생각할 것'인지에 따라 사고력도, 이후의 성과도 달라진다.

그렇다고 해도 어려운 문제를 계속 생각한다는 것은 힘든 일이다. 그럼 생각을 지속해왔던 옛사람들은 어떻게 견뎌온 것일까? 자칫 이상론으로 생각할지도 모르겠지만 그 원동력의 하나는 아마도 "진리를 추구하고 싶다"는 근원적인 욕구일 것이다.

유카와 히데키° 박사는 자신의 반평생을 담은 『여행자, 한 물리학자의 회상』에서 젊은 시절 외국 유학 권유를 딱 잘라 거절한 에피소드를 소개하고 있다.

왠지 내 일을 하나도 이루지 않고서는 외국에 나가고 싶지 않았다. 연구 테마는 스스로 찾는다. 그리고 자신의 힘으로 해볼 수 있는 데까지 해보고 싶다. 몇 번이나 실패해도 좋다. 만약 성공한다면 외국 학자와도 대화를 나누어 보자. …… 나는 내 연구에 지, 정, 의 세 가지를 포함한 전지전능을 담고 싶었다. 대충하겠다는 생각으로는 연구를 할 수 없는 고집스러운 인간이었다.

이러한 각오가 있었기 때문에 가설을 세웠다가 실패하고 또 세우고 실패하는 것을 반복하면서 생각을 지속하는 것이 가능했을 것이다. 세속적인 계산이 아니라 아주 근원적인 곳까지 파고든 것이다.

레오나르도 다 빈치도 다재다능한 근원에는 '궁극의 미를 발견하고 싶다'라는 생각이 있었다. 방대한 스케치를 남긴 것도, 어쩌다 데생 기술을 익혔기 때문이 아니다. '더욱 아름다운 것을 그리고 싶다. 생명의 기원을 알고 싶다'는 생각으로 대상을 철저하게 관찰하는 것을 습관화했기 때문이다.

유카와 박사나 다 빈치뿐만 아니라 역사에 이름을 남긴 유명한 인물들은 대부분 틀림없이 '생각을 지속한 사람'이다. 그리고 의무

* 유카와 히데키(湯川秀樹, 1907~1981)은 일본의 이론물리학자로 1949년 노벨물리학상을 수상했다.

감이나 허영심에 의한 것이 아니라 아주 숭고한 동기가 존재하고 있다. 매일 생각을 해야만 하는 우리도 이 점을 명심해야 할 것이다.

생각을 계속하는
에너지의 근원을 찾아라

미야자와 겐지도 생각을 멈추지 않은 사람이었다. 그것은 압도적으로 오리지널리티가 높은 그의 작품들로도 알 수 있다. 그러한 창조성은 시대를 초월해 아이들부터 고령자까지 모든 세대에 영향을 미친다. 이것도 '생각을 지속하는 힘'을 기르는 작업이다.

미아쟈와는 경經을 좋아했다. 종종 제자들을 데리고 가까운 이와테 산에 올라 밤새 독경을 했다고 한다. "선생님은 목소리가 아주 좋았어요"라고 말하는 제자들의 이야기가 지금도 전하고 있다.

독경은 그에게 있어서 "이 세상은 자애로 넘치고 있다"라는 부처의 가르침을 확인하는 기회였다. 새벽녘의 이와테 산에서 본 새벽노을의 아름다움에 감동하고 그것을 동화에도 담았다. 즉 불교의 가르침을 정신의 축으로 삼아 생명력의 기둥을 만들어 간 것이다.

원래 불교의 시조인 고타마 싯다르타가 말한 것은 이른바 지하의 큰 강과 같은 깊고 장대한 사상이었다. 그것을 자신의 신체 감각 속으로 받아들여 오로지 표현 방법을 깊이 생각한 것이 미야자와였다.

불교의 가르침 그대로라면 설교처럼 들리겠지만 자신을 필터로 삼아 누구라도 쉽게 다가갈 수 있고 나아가 더욱 깊이 있는 이야기를 만들어낸 것이다.

그것은 이른바 불교라는 지하의 큰 강에서 물을 퍼올리는 것과 같은 작업이다. 그래서 영원히 마르지 않고, 촉촉함을 유지하는 생각을 지속하는 에너지의 원동력이 되는 것이다.

미야자와의 대표작 중 하나인 『구스코부도리의 전설』이라는 동화가 있다. 숲을 냉해에서 구하기 위해 주인공 구스코부도리가 자신의 몸을 희생해서 인공적으로 화산을 폭발시킨다는 이야기이다. 전체를 관통하는 것은 '인간은 선을 생각하지 않으면 안 된다'는 사상이다. 말할 필요도 없이 이것은 미야자와 자신의 테마이기도 하다. '선이란 무엇인가'라는 근원적인 궁금증이었기 때문에 그가 평생 생각을 지속해올 수 있었던 것이다.

반대로 우리의 경우, 황폐한 일상 속에서 일단 직면하는 문제에 관한 대처를 생각하는 것만으로도 힘들지 모른다. 그러나 그것만으로는 결국 피폐해지고 만다. '진리의 탐구'라고 하면 좀 거창하지만 '자신에게 있어서 이상은 무엇인가'라든지 '회사가 아닌 사회를 위해 무엇을 할 수 있는가' 등을 생각하는 시간이 있어도 좋지 않을까.

이처럼 정상을 바라보는 듯한 궁금증이야말로 우리에게 생각을 지속하는 에너지를 줄 수 있지 않을까?

이 책은 5일 만에 '나만의 생각'을 갖게 하는 것을 목표로 한다. 책을 제대로 읽기만 해도 5일 전보다 한층 달라진 자신의 모습을 발견할 것이다. 그러나 이걸로 끝내서는 안 된다. 이 책의 노하우를 활용해서 어떻게 생각을 지속할 것인가가 진짜 승부처이다.

지금부터 시작이다.

나만의 생각 만들기
5일 프로젝트

'나만의 생각'을 갖기 위해서 왜 '5일'이 필요할까? 그것은 단기간에 집중해서 과제를 해결하면 몸속에 깊이 새겨질 것이라 생각했기 때문이다. 나는 대학에서도 3일 집중수업을 한 적이 있다. 3일로는 별로 배울 수 있는 게 없을 거라고 생각할지도 모르지만 의외로 학습효과가 높다.

10년 만에 만난 졸업생도 '그때 집중수업은 정말 재미있었다'라고 말한다. 짧은 기간이라는 '한정'이 집중력을 키우는 것이다.

이 책도 5일이라는 단기 합숙 과정이라고 읽고 실천하기를 바란다. 예를 들어 '1일째'의 '리뷰를 써 보자'라는 과제에 대해 하나라도 좋으니 리뷰를 인터넷에 올려 보기를 바란다. 한 번 해보거나 수첩에 과제를 쓰는 것만으로도 효과가 있다. '쓰는' 행위로 의식이 눈뜨기 때문이다.

나는 수업 중에 이 책에 쓴 것을 실천하고 있다. 그 성과는 곧바로 드러나 취업에서도 확실한 결과를 보여주고 있다. 책이라는 형태는 직접적인 공간을 공유하며 훈련하기는 힘들기 때문에 꼭 상상력을 동원해 수업에 참가하는 기분으로 실천하기를 바란다.

'5일'은 의식을 눈뜨게 하는 기간이다. 의식이 눈떴다면 다음 단계는 '습관화'이다. 수첩에 쓰는 행위 등 습관화를 명심하기를 바란다. 어느 순간 '나도 모르게 하게' 되면 재능이 되어 있을 것이다.

우리는 지금 거친 파도 속에 있다. 이 거친 파도를 헤쳐 나가기 위해서라도 더욱 필요한 것은 지혜의 힘과 기술이다.

이 책을 통해서 여러분이 세상의 거친 파도를 편안한 마음으로 헤엄쳐 갈 수 있는 힘과 기술을 얻게 되었다면 저자로서 매우 기쁠 것이다.

사이토 다카시

나만의 생각 만들기
5일 프로젝트

초판 1쇄 인쇄 2016년 5월 10일
초판 1쇄 발행 2016년 5월 16일

지 은 이 사이토 다카시
옮 긴 이 오선이
펴 낸 이 주혜숙
편   집 전유나
디 자 인 오신곤
마 케 팅 안미선

펴 낸 곳 역사공간
등   록 2003년 7월 22일 제6-510호
주   소 04030 서울특별시 마포구 동교로 142-11 플러스빌딩 3층
전   화 02-725-8806, 070-7825-9900
팩   스 02-725-8801
전자우편 jhs8807@hanmail.net

ISBN   979-11-5707-093-0 03190